KB131834

창조력은 어떻게
인류를 구원하는가

창조력은 어떻게
인류를 구원하는가
CREATIVITY

김대식 · 다니엘 바이스 지음 | 박영록 옮김

중앙books

창조력은 '생존'이다

2015년 서울에서 열린 콘퍼런스 'KOC 2015, 창조적 소수자 퍼스트 무버'에 초청되어 강연한 적이 있다. 당시 콘퍼런스에는 김대식 교수도 함께했는데, 사실 우리 두 사람은 이미 그 이전에 이스라엘에서 만난 적이 있다.

첫 만남이 이뤄졌던 2013년, 김 교수는 내가 소속된 이스라엘 테크니온 공과대학 학자들과 공동 연구를 진행하던 중이었다. 그는 테크니온 공대 특유의 창업 지원 환경을 궁금해했고, 이와 관련해 내 연구실에서 우리가 벌인 토론 내용을 정리해 한국의 한 매체에 기고하기도 했다.('이스라엘 특유의 군대 경험이 창업 밑거름', 〈중앙SUNDAY〉, 2013. 06. 09) 토론의 주제는 '작은 땅덩어리를 가진 이스라엘이 어떻게 전 세계적인 스타트업 국가가 되었으며, 이들의 창조력에는 어떤 비밀이 숨어 있는가'였다.

토론에서는 테크니온 공대의 교육 환경도 다뤄졌다. 알베르트 아인슈타인 등 독일계 유대인들이 뜻을 모아 설립한 테크니온은 이스라엘이 단시간에 '창업 국가'로 발돋움하는 데 주도적인 역할을 해왔기 때문이다. 학생들의 창업을 돕는 'T3 기술이전센터' 등 다양한 지원 환경을 갖춘 덕에 졸업생 중 60퍼센트 이상이 스타트업에 뛰어들고 있으며, 이스라엘 100대 기업의 CEO 대부분이 테크니온 출신이다.

내가 서울에서 열린 콘퍼런스에 초청된 것은 2013년 김대식 교수와 벌인 토론을 담아낸 기사 덕분이었다. 당시 강연을 들은 청중의 반응은 매우 긍정적이었다. 주어진 시간이 짧아 전하려던 모든 것을 말할 수는 없었지만, 그래도 창조력의 핵심은 전달했다고 생각한다. 그리고 강연을 마친 뒤 출판사로부터 '이스라엘에서는 어떻게 창조력을 키우는지, 창조력을 바탕으로 어떻게 혁신을 이끌어내는지'에 관해 김대식 교수와 대담을 진행하면 어떻겠느냐는 제안을 받게 되었다.

이 책은 나와 김대식 교수가 창조력을 주제로 수차례 진행한 토론을 모은 대담집이다. 한국은 이스라엘을 창업 분야의 벤치마킹 모델로 삼고 있다. 우리 두 사람은 토론을 통해 이 시점에 필요한 '진짜' 창조력의 개념을 정의했다. 더불어 창조력이 훈련되고 혁신이 이뤄지는 방식을 포함한 '창조력의 비밀'

들을 다양한 지적 영역에서 풀어내고자 노력했다.

최근 우리는 제4차 산업혁명으로 인류의 일자리가 사라질 것이라는 경고를 받고 있다. 기술이 대신할 수 없는 인간 고유의 능력, 바로 창조력이 이 시점에 더욱 절실한 것도 이 때문이다. 그렇다면 미래에는 어떤 창조력이 필요할까? 미래의 창조력에 대한 우리의 태도는 낙관적이면서 동시에 걱정스러운 면이 있다.

어떤 면에서 한국과 이스라엘이 처한 지정학적 특징은 창조력이란 주제에서 매우 흥미로운 지점이다. 먼저 이스라엘이 가진 창조력의 배경을 이해하려면 유대인 역사에 대한 약간의 지식이 필요하다.

유대교는 3,000년 전 중동 지역에서 발생했다. 이스라엘 왕국은 열두 지파로 구성된 민족국가였는데, 이후 열 지파가 포함된 이스라엘 왕국과 나머지 두 지파가 포함된 유다 왕국(여기서 유대인이란 이름이 유래되었다)으로 갈라진다. 이스라엘 왕국은 아시리아의 침략으로 멸망하는데, 이때 열 지파는 이 지역에서 쫓겨났고, 이후 그들의 이야기는 기록으로 남아 있지 않다. 남아 있던 유다 왕국도 바빌로니아 제국의 침략으로 멸망하고, 두 지파 역시 쫓겨나고 만다. 그로부터 수백 년 뒤 페르시아 제국이 바빌로니아 제국을 정복하고, 유대인들이 고향 땅으로 돌아와

사는 것을 허용한다. 다시 몇백 년이 흐른 뒤 로마 제국이 유대국을 통치하게 되고, 그 시기에 예수가 탄생한다. 로마 제국은 이스라엘 땅의 이름을 유대인들이 싫어하는 '필리시테인(또는 블레셋)'에서 따온 팔레스타인으로 바꾸고 또다시 유대인들을 쫓아낸다. 그로부터 2,000년에 이르는 긴 세월 동안 유대인들은 고향 땅으로 돌아가려는 꿈을 한순간도 포기하지 않았다.

제1차 세계대전이 끝난 뒤, 팔레스타인 지역을 통치하던 영국이 유대인들의 국가 건설을 지지하자 유대인들은 팔레스타인으로 이동했다. 그리고 마침내 1948년 제2차 세계대전의 영향으로 이스라엘 건국은 현실이 되었다. 하지만 주변 아랍 국가들은 유대인 국가를 받아들이지 못했고, 이후 다양한 형태의 전쟁이 오늘날까지 계속되고 있다.

건국 당시 이스라엘은 100만 명도 채 되지 않는 인구로 1억 명에 가까운 인구를 지닌 주변 국가들을 상대해야 했다. 이 같은 힘과 인구 규모 면의 심각한 불균형을 극복하고 살아남으려면 자력으로 새로운 기술을 개발할 수밖에 없었다. 즉, 이스라엘이 가진 창조력의 배경에서 '생존'의 역사를 빼놓을 수는 없다. 오직 살아남기 위해 혁신을 거듭하고 창조력을 발휘할 수밖에 없었던 것이다. 자원도 없는 자그마한 나라가 비교적 우위를 쟁취할 수 있었던 건 오직 창조력 덕분이었다.

이스라엘은 그 창조력을 바탕으로 우선 국방을 튼튼히 다졌고, 그와 관련된 기술의 발전을 통해 번영을 이룰 수 있었다. 한 예로 이스라엘인들은 물이 귀한 건조한 기후에서 살고 있기 때문에 물을 절약할 수 있는 점적농법(點滴農法)을 발전시켰다. 또한 기후에 맞는 새로운 식품과 종자식물을 개발하고, 매년 여러 차례 수확하는 방식을 실행했다. 공학 분야에서는 군사적 정보 수집 활동(커뮤니케이션 분야)과 관련해 통신 관련 기술을 다수 발명하기도 했다. 그 결과 이스라엘의 정보통신 산업은 폐쇄된 환경을 이겨낼 수 있는 국가적인 산업으로 성장했다. 이러한 일련의 과정을 통해, 현재 나스닥에 상장된 이스라엘 회사가 90여 개에 이른다. 이는 미국 외 국가 중에선 중국에 이어 두 번째로 많은 수치다.

창조력에 기반을 둔 이스라엘의 이런 성취는 유대인 고유의 사고방식에서 비롯한 것이라고 할 수 있다. 유대인은 모든 이슈에 대해 토론과 논쟁을 벌이고, 논리적으로 입증된 권위만 받아들이며, 삶이 제기하는 숱한 질문들을 이해시켜줄 방법을 끊임없이 모색하는 것이 습관화되어 있다. 이스라엘 청소년들은 (심지어 군대에서조차) 자신의 견해와 생각을 거리낌 없이 말할 수 있다. 이로 인해 종종 사회가 혼란스러울 정도지만.

이 책을 통해 한국 독자들이 이스라엘의 창조적 활동 경험을 습득하고, 나아가 각자 소속된 사회에서 혁신가로 거듭나기를 바란다. 김대식 교수와 대화를 나누는 동안, 나는 두 나라 사이의 창업 문화와 창조력의 역사에 큰 차이가 있다는 것을 알게 됐다. 흥미로운 대목이었다. 그러나 강대국에 둘러싸인 작은 국가로서 살아남아야 한다는 공통점이 있으니, 지정학적 상황에 대처하는 방식을 서로 배우면서 이를 통해 자신의 길을 개척해나갈 수 있을 것이다. 창조의 사회에서 살아가야 할 한국 독자들에게, 우리 두 사람의 대화가 작은 도움이 되었으면 하는 바람이다.

다니엘 바이스

차례

0장

생존을 위한 몇 가지 질문

미래학자들의 연구에 따르면 앞으로 몇십 년 안에 기존 인류의 50퍼센트가 일자리를 잃게 된다고 한다. 사라질 것이라 추정되는 직업 중 다수가 고소득 지식 노동자들이 속한 직종이다.

혹자는 기술 발달로 인해 먹고사는 데는 큰 지장이 없을 거라고 하지만, 그보다 더 심각한 문제는 경제 활동을 하지 않는 데서 발생하는 자괴감이나 무력감 등 '심리적 쇼크'다. 즉 육체적 생존이 아닌 정신적 생존이 위협받을 수 있는 것이다.

중동의 몇몇 부유국은 풍부한 자원으로 국민 대부분이 국가로부터 기본 소득을 보장받고 있고 상대적으로 시간적 여유가 많지만, 젊은 세대 중 상당수가 스스로 공부하거나 경제 활동을 하려는 의지를 보이지 않는다고 한다. 이런 사회를 과연 건강하다고 할 수 있을까? 이는 우리에게 닥칠 가까운 미래의 모습이며, 인공지능 사회에서 충분히 가능한 시나리오다.

과거의 창조력이 생산성의 관점에서 부각되었다면, 현재와 미래의 창조력은 단순한 생산성을 뛰어넘은 무형의 가치, 분야와 분야를 잇는 연계성과 혁신의 관점에서 해석되어야 한다. 결과를 도출해내기보다 원하는 결과를 만들어내기 위해 어떤 질문을 던져야 하는가가 중요한 것이다.

제4차 산업혁명의 경고

김대식　　교수님과 창조력을 주제로 대담을 진행하게 되어 기쁩니다. 인류를 구원할 미래 전략으로서의 창조력에 대해 이야기하기에 앞서 교수님께 묻고 싶습니다. 창조력이란 개념은 미래에도 여전히 오늘날과 같은 의미를 지닐까요? 또 하나, 창조력이라는 개념이 미래에 더 큰 역할을 하게 될까요? 혹은 지금보다 축소된 역할을 할까요?

다니엘 바이스(이하 바이스)　　창조력이란 개념이 미래에 바뀔 것인지, 그렇다면 어떻게 바뀔 것인지에 대한 질문이군요. 제 답은 향후 5~10년 사이에는 그 개념이 바뀔 수밖에 없다는 쪽입니다. 앞으로 대부분의 활동이 컴퓨터 프로그램이나 로봇 등에 의해 자동화될 테니까요.

김대식 맞습니다. 엄청난 변화가 있을 테죠. 이것이 제가 교수님과 논의하고 싶은 부분입니다. 정말 큰 변화가 있을 거고, 우리는 각자 이 변화에 직면하게 될 겁니다.

바이스 몇몇 연구 결과에 따르면, 2035년에 이르면 현존하는 직업 중 50퍼센트 이상에서 더 이상 사람이 필요하지 않게 될 거라고 합니다. 이에 따라 앞으로 사라지게 될 50퍼센트의 직업 종사자들이 과연 지금보다 창조적인 유형의 일자리를 찾을 수 있을지 의문이 듭니다.

우선 창조력이란 개념이 어떻게 변화했는지 이야기를 이어나가 보죠. 한 예로 지금까지는 어떤 트렌드를 파악하는 데 인간의 창조력이 필요했습니다. 하지만 요즘은 빅데이터가 그 역할을 대신하고 있죠. 즉, 인간의 사고와 분석이 필요했던 작업들을 기계가 대신하는 것으로 변화하고 있습니다.

그런 변화 속에서, **앞으로 인간의 역할은 결과를 만들어내기보다는 필요한 질문을 던지는 쪽이 될 겁니다.** 기계적이거나 자동화된 방식으로는 나올 수 없는 질문을 던지는 거죠. 이를 위해서는 훈련이 필요합니다. 학교에서 가르치는 방식부터 바뀌어야겠죠. 그런데 여러 문제 중 하나는 창조력을 증진할 만한 교사가 부족하다는 겁니다. 미래 세대를 어떻게 훈련하고, 새로운 시대의 창조적 인류로 교육할 것이냐가 중요한 숙제입니다. 또 한 가지, **일자리의 위기 앞에서 과연 인간이 잘 적응할 수 있을지를 짚어봐야 합니다.** 어떤 사람들은 이런 변화를 긍정적으로 보면서, 인간에게 더 많은 시간이 주어지기 때문에 예술 등 다양한 분야에서 창조력을 발휘할 수 있을 거라 말합니다. 하지만 반대편에는 이런 변화를 두려워하는 사람들이 있습니다. 이들에게는 새로운 방식의 훈련이 필요할 겁니다. 컴퓨터나 자동화 시스템이 지닌 뛰어난 기능을 제대로 활용할 수 있도록 말입니다.

또 하나는 설득과 동참의 문제입니다. 이른바 러스트 벨트(Rust belt, 미국 중서부와 북동부의 공업지대로 미국 제조업의 몰락을 상징적으로 보여주는 말-옮긴이)로 대변되는 굴뚝 산업을 예로 들어볼까요? 이제까지 그들은 틈새시장을 찾아내면서 생명력을 유지해 왔죠. 하지만 이제는 어떤 극적인 변화가 없는 한 결국 회사는 문을 닫을 거고 일자리는 사라질 겁니다. 이미 그런 경고가 나오고 있지만 일부는 이를 부정하고 있습니다. 지금까지 잘 버텨왔으니 앞으로도 살아남을 수 있을 거라 믿는 것이죠. 하지만 결국 새로운 일을 해야 할 겁니다. 이것이 우리에게 닥친 문제예요. **전통적인 산업에서 변화를 꾀하고, 창조력을 발휘해야만 합니다.**

김대식   지금 우리 대화의 배경에는 이른바 제4차 산업혁명 (industry 4.0)이 있습니다. 약 250년 전 영국 맨체스터에서 첫 번째 산업혁명이 시작되었습니다. 제1차 산업혁명 당시 도입된 기계가 인간과 동물의 근력을 필요로 하던 육체노동을 대신했습니다. 육체노동을 하던 인간은 더 많은 시간을 갖게 됐죠. 그 결과 현재 OECD 국가 노동 인구 중에서 60~80퍼센트는 육체노동이 아닌 지식노동과 서비스 산업에 종사합니다. 그런 변화는 좋은 측면도 있었습니다. 늘어난 시간 중에서 상당 부분을 자신과 사회 교육에 쓸 수 있었거든요.

그런데 최근 몇 년 동안 자동화, 인공지능, 머신러닝(Machine learning, 빅데이터를 분석해 미래를 예측하는 기술-옮긴이), 딥러닝 (Deep leaning, 머신러닝의 한 분야로 컴퓨터가 여러 데이터를 이용해 사람처럼 스스로 학습하게 하는 기술-옮긴이) 등의 분야에서 급격한 발전이 이루어졌고, 시장은 다시 심각한 변화를 예고하고 있습니다. 옥스퍼드 대학의 미래학자인 토머스 프레이와 마이클 오스본 교수는 앞으로 20년 내에 OECD 국가의 일자리 중 47퍼센트가 사라지거나, 사라질 위기에 처할 것이라는 연구 결과를 발표했죠. 사라지는 직업 중 다수는 이른바 화이트칼라 직업으로 불리는 고소득 직종, 즉 금융 전문가와 변호사, 회계사, 심지어 과학자와 엔지니어 등이 있습니다. 기존 지식노동자들의 활동이 기계에 의해 더 빠르고 저렴하게 수행될 것이란 예측입니다. 이미 사람들은 그 예측에 충격을 받고 있죠.

바이스　그러나 기계가 수행하는 일은 인간의 지적 활동과 비교하면, 보다 획일적으로 수행되겠죠.

김대식　그렇습니다. 여기서 중요한 질문들이 생깁니다. 첫째, 약 50퍼센트의 인류가 일자리를 잃는다면 그들은 무엇을 해야 하나요? 둘째, 실업률이 50퍼센트인 상황이 된다면 우리 사회는 과연 유지될 수 있을까요? 과거 잘나가던 바이마르 공화국(제1차 세계대전이 끝나고 독일혁명을 통해 1919년에 탄생한 독일 공화국으로 1933년 히틀러의 나치 정권이 수립되면서 붕괴되었다. 1920년대 후반 미국발 경제공황 여파로 실업자 급증 등 경제 위기를 겪으며 몰락의 길을 걷기 시작했다-옮긴이)도 실업률이 20퍼센트에 이르자 큰 혼란에 빠졌었죠. 지금 예측되는 일자리 쇼크를 그와 같은 급진적인 사회적 변화로 바라봐야 할까요? 우리는 기술 발전이 초래할 실업 문제에 대해 걱정스러운 질문을 해야 합니다.

이미 전 세계적으로 실업률이 높아지는 추세입니다. 젊은 세대의 취업률은 현저히 낮아지고 있지요. 그러나 기술 발전으로 인한 생산성 향상과 정부 차원의 실업자 지원책 등으로 먹고사는 문제는 어느 정도 해결할 수 있을지도 모릅니다. 그래서 어쩌면 정작 중요한 문제는 일자리를 잃은 데서 생기는 무력감 같은 '심리적인 쇼크'와 관련된 것일 수 있어요. **인간은 쓸모없고 비생산적인 상태에 놓이게 되면, 당연히 자존감에 좋지 않은 영향을 받습니다.** 결과적으로 개인의 무력감은 사회에 해로운 작용을 할 거고요.

바이스　맞습니다. 그 해결책 중의 하나는 새로운 종류의 활동 영역에 투입하는 거겠죠. 사람들은 기존 산업군과는 다른 분야에서 주체적인 참여자로서 자존감을 세우는 법을 찾게 될 거예요.

다시 이번 대화의 주제인 인류를 구원할 미래 전략으로서의 창조력으로 돌아가서, 우리는 두 가지 중요한 문제를 따져봐야 합니다. 첫 번째는 사회가 필요로 하는 생산 분야에 종사할 수 있는 인원이 앞으로 점점 더 줄어들 것이란 사실입니다. **일자리를 유지할 수 있는 소수에 속하려면 그만큼의 창조력이 있어야겠죠.** 미래에는 창조력을 갖춘 사람들만이 생존할 수 있을 겁니다. 여기서 생존이란 경제적 의미에서의 고용을 뜻합니다. 그렇다면 우리는 '현재의 아이들이 미래 일자리에 적합한 창조성을 갖출 수 있을 것인가'에 대한 의구심을 갖게 됩니다. **어떻**

게 아이들의 창조력을 북돋아 미래형 인재로 키울 것인지가 중
요한 사회경제적 이슈죠. 지금부터라도 아이들의 교육에 대한
관점을 대폭 수정해야 합니다.

김대식   교수님 말씀에 전적으로 동의하지만, 다른 견해를 가
진 사람을 대변해 이야기해보겠습니다. 저는 사람들 대부분이
과학기술과 인공지능의 발전으로 인해 생성되는 직업보다 소
멸하는 직업이 더 많을 것이라는 예측에 동의할 거라 생각했습
니다. 그런데 실리콘밸리에서 일하는 제 친구들에게 이런 이야
기를 하면, 그들은 걱정할 필요가 없다며 웃어넘깁니다. 제4차
산업혁명으로 인해 현재 직업의 47퍼센트가 사라질지 모르지
만, 더 많은 직업이 새로 생길 거라는 겁니다. 과거 제1차 산업
혁명 때는 기존 80~90퍼센트의 직업이 사라졌지만, 더 많은
새로운 직업이 창출되긴 했죠. 해피엔딩이었습니다. 하지만 이
런 해피엔딩이 앞으로도 가능할까요?

바이스   실리콘밸리에서 일하는 친구들의 의견이라는 점에
서 별로 놀랍지 않은데요. 그들은 미래에도 살아남을 사람들이
니까요.

김대식   그렇습니다. 그들은 끝까지 살아남을 소수의 직업군에 속해 있기 때문에 낙관적일 수밖에 없습니다.

바이스   한 인간이 가질 수 있는 일자리 역사에 대해 생각해 봅시다. 약 100년 전에 그는 이동용 마차를 끄는 말들의 굽을 갈아 끼우는 일을 했습니다. 그런데 자동차가 등장하면서 직업을 잃어야 했죠. 그가 찾은 비슷한 일은 용접이었을 테죠. 그런데 다시 기계가 일을 대체하면서 육체노동 수요는 점점 줄어들고 있습니다. 그런 직업군을 가진 사람들의 미래는 어떻게 될까요? 로봇이 대체할 수 없는 새로운 일자리를 준비해야 하지만 쉽지 않을 겁니다.

최근 영국 경제는 타타 철강(Tata Steel) 처리 문제로 골치가 아픕니다. 최근 몇 년 사이 중국산 저가 철강의 수입이 증가하면서 가격 경쟁력이 떨어져 경영 상황이 급격하게 나빠졌죠. 결국 타타 철강 이사회는 영국에서의 모든 사업을 중단하겠다는 결정을 내렸는데, 노동계에서는 대량 실업을 막기 위해 정부가 나서야 한다는 목소리가 높습니다. 타타 철강에서 일하던 광부 1만 5,000명을 비롯해 약 4만 명의 사람들이 일자리를 잃게 될 것으로 예상되거든요. 이는 철강 산업 하나의 문제가 아니라 주변 마을의 경제와 일자리 등 전체와 연결된 문제입니다.

한 마을 주변에 대규모 공장을 운영하는 기업이 있다고 해보죠. 어느 날 이 공장이 완전 자동화되면서 기존 마을 사람들 모두가 일자리를 잃게 된다면, 결국 그 마을은 황폐해지겠죠. 그렇기에 하나의 산업이 무너지고 대량 실업이 일어나는 것을 바라는 사람은 없습니다. 이 지점에서 새로운 일자리가 생겨 마을 경제는 회복될 것이라는 의견에는 기본적으로 동의하지만, 그렇지 못하는 경우가 훨씬 더 많을 거라 생각합니다. 역사적으로 보면, 대규모 실업 사태에 자주 쓰였던 대책은 강력하고 거대한 군대를 만드는 것이었지요. 그러나 그건 근본적인 해결책이 아닙니다. 또 지금 세대가 그것을 원하지도 않고요.

인류와 일자리의 미래

김대식 이 문제와 관련해 저는 실리콘밸리의 친구들에게 지금까지 인간이 무엇을 해왔는지 보라고 얘기해줍니다. "인간은 두 가지 종류의 일을 할 수 있는데, 하나는 육체노동이고 다른 하나는 지식노동이다. 그런데 기계가 일을 대신하면서 육체노동은 이미 많이 사라졌다. 그 뒤 인류 대부분이 지식노동에 종사하고 있지만, 앞으로는 지식노동의 상당 부분 역시 기계가 수행하는 상황이 될 거다. 그렇게 되면 물론 새로운 직업이 생겨나겠지만, 난 그 수많은 사람이 새로운 일자리로 이직할 수 있을 거라고 생각하지는 않는다"라고 말하죠.

인류의 일자리 역사를 보면 농장에서 일하던 수많은 사람이 공장으로, 또 사무실로 이동해왔습니다. 이제 곧 사무실을 떠나게 될 수백만 명의 사람이 이동할 새로운 일자리는 어디일까요? 그런 일자리가 생긴다 해도 이를 차지하는 건 우수한 교육을 받은 사람들이겠죠. 미래의 시장이 큰 혼란에 빠진 사람들을 다 포용하지는 못할 겁니다. 인류는 이 사실을 어떻게 받아들여야 할까요? 우리 사회가 인구의 50퍼센트에 달하는 사람들의 생계(기본 소득)를 지원해야 한다는 의미일까요? 이게 경제적으로 가능할까요?

바이스　　가능할 수도 있겠죠. 제 분석은 이렇습니다. 300년 전엔 인구의 60퍼센트가 농업에 종사하면서 식량을 생산했습니다. 농업 인구가 생산한 식량 중 50퍼센트는 자신들이 먹고, 나머지 50퍼센트는 저장해놓았죠. 요즘 대부분 나라의 전체 인구 중 농부의 비율은 5퍼센트 정도에 불과합니다. 중요한 건 이 농업 인구가 기술의 도움을 받으면서 나머지 인구가 필요로 하는 식량을 생산하고 있다는 사실이에요. 농업 분야에서 자동화가 이뤄지고 생산성과 일의 효율이 높아지면서, 과거 인류의 60퍼센트가 이루어냈던 성과를 5퍼센트 안팎의 인구가 만들어내고 있습니다. 이것이 제가 낙관론을 펴는 한 이유입니다.

김대식　그런 경제적 계산법이 낙관론의 한 근거가 될 수 있겠네요. 그러나 기본적인 생계 지원이 있다 해도 일자리를 잃은 사람들의 심리적인 쇼크, 즉 낮아질 자존감과 무력감의 문제를 생각하지 않을 수 없습니다. 예를 하나 들죠. 몇 년 전에 과학 관련 학회에 참석하기 위해 카타르를 방문한 적이 있습니다. 카타르는 부유한 나라죠. 카타르 수도 도하에 머무는 며칠 동안 흥미로운 점을 발견했습니다. 카타르의 주요 일자리는 유럽인이나 미국인이 차지하고 있었고, 평범한 일자리는 동유럽인의 몫이었죠. 허드렛일은 동남아시아에서 온 이주 노동자들이 하고 있었고요. 그 상황을 지켜보자니 '카타르 국민들은 무슨 일을 하고 있지?' 하는 궁금증이 생기더군요.

카타르 국민들은 기본 소득을 보장받고 있어서 일자리에 크게 신경 쓰지 않는다고 합니다. 그러다 보니 젊은이들 역시 일자리를 얻기 위해 교육을 받으려는 동기가 생길 리 없고요. 이른바 풍요로운 '잉여 세대'인 셈인데, 그들이 어떤 미래를 맞게 될지 궁금하더군요.

우리가 앞으로 마주하게 될 심각한 사회 문제 중 하나겠죠. 인공지능 사회에서 가능한 시나리오 중의 하나입니다. **아무도 굶지 않지만 50퍼센트 이상의 사람들이 스스로 일자리를 구하지 않을 거고, 일하지 않아서 시간적 여유가 있음에도 불구하고 다음(미래)을 위한 교육(훈련)을 받지 않는 거죠.** 이런 상황은 곧 사회의 불안 요소가 되겠죠.

마르크스나 케인스는 인류가 기본 욕구를 해결할 수 있는 발전된 체제를 갖게 되면, 노동의 부담에서 해방되어 자기계발과 여행, 예술 등에 시간을 쏟게 될 것이라고 말했죠. 그러나 그것은 일종의 유토피아적인 꿈입니다. 또한 그런 체제를 이룬다 해도, 그 사회가 인류에게 바람직할지 의문이 듭니다.

바이스   그렇습니다. '쓸모'의 문제가 생기겠죠. 일자리를 갖고 살아가는, 쓸모가 있는 타인들을 보면서 자존감이 떨어질 테니까요. 사실 일자리의 암울한 미래는 현재진행형입니다. 일에서 물러나는 나이, 즉 정년이 빨라지고 있으니까요. 그런데 오히려 이스라엘에서는 퇴직 연령을 기존 65세에서 67세로 조정했습니다. 이제는 퇴직 연령을 70세까지 높여야 한다는 이야기가 나오고 있고요.

김대식   저는 제 인생의 마지막 날까지 일하고 싶습니다.

바이스   제가 하려던 얘기가 그것입니다. 많은 사람이 일을 계속할 수 있을지 궁금해합니다. 그런데 시장의 한편에서는 노동권을 보장받기 위해 투쟁하는 노동조합의 역할에 반대하고 있습니다. 당신이 가진 자리를 더 젊은 세대에게 넘겨줘야 한다는 논리가 숨어 있죠. 물론 그게 합리적일 수 있어요. 일자리는 한정적이니 나이 든 사람이 계속 자리를 차지하고 있으면 그만큼 젊은 세대의 일자리가 줄어들 테니까요. **결국 문제는 젊은 세대에게 자리를 넘겨주면서 어떻게 일을 계속할 수 있는가에 대한 것이겠죠.**

제가 속한 연구소에서는 은퇴한 엔지니어들이 자원봉사를 할 만한 일이 없는지 고민하고 있습니다. 그들은 연금을 통해 기본 생계를 유지하지만, 그럼에도 일을 하고 싶어 하더군요. 연구소에서 한 은퇴자에게 당신은 연금을 받고 있어서 채용할 수 없다고 통보한 적이 있었죠. 그랬더니 그는 "차라리 연금을 포기하더라도, 아침에 출근해서 생산적인 일을 했으면 좋겠다"고 말하더군요.

김대식   호모 사피엔스의 입장에서 충분히 이해할 수 있습니다. 인간은 생계를 떠나서 생산적인 일을 계속하기를 원하니까요. 이는 경제적 논리에 앞서는 본성과 자존감의 문제입니다. 그런 의미에서 앞으로의 교육은 아이들이 계속해서 여러 가지 흥미를 갖도록 이끌어내는 게 중요해질 겁니다. 세계가 변화하는 방식에 따라 아이들이 끊임없이 새로운 일을 찾고 흥미를 발전시킬 수 있도록 가르쳐야 합니다. 아이들이 세상에 호기심을 갖고 흥미를 느끼면서 새로운 것을 발견하게 되면, 그 새로운 것들이 그들의 인생에서 매우 중요한 역할을 할 것이기 때문입니다.

바이스　　적절한 지적입니다. 어쩌면 호모 사피엔스의 미래란 새로운 것들을 발견하고, 다시 그것이 우리 인생에서 중요한 역할을 하게 되는 것일 테니까요. 창조력을 주제로 한 지금부터의 대화가 독자들에게 흥미로운 읽을거리가 되었으면 하는 바람입니다. 대화에서 부족하거나 궁금한 부분은 독자의 상상력에 맡기기로 하고요.

1장

잃어버린 창조력의 고리를 찾아서

주변을 보면 끊임없이 무언가 시도하고 주어진 문제에 대해 새로운 해법을 찾아내는 사람이 있다. 이른바 창조력을 지닌 이들이다. 그들의 창조력은 어디에 기인하는 걸까?

한 인간이 창조적으로 성장하는 데는 역사적·환경적 요인이 작용한다. 또한 창조력은 근육과 같아서 쓰지 않으면 퇴화하는 성질이 있다. 어린 시절의 성장 환경이나 교육이 중요한 이유가 여기에 있다. 질문이 차단된 기계적인 교육을 받았거나 모든 게 안전하고 편안한 어린 시절을 보냈을 경우, 창조력을 키우고 발휘해야 할 동기 부여가 제대로 이뤄지지 않게 된다. 생존에 영향을 미칠 만큼 최악의 상황이라면 곤란하겠지만, 인생이 어느 정도 고달플 때 비로소 창조적 인간이 될 수 있다는 것이다. 쉽지 않은 인생일수록 창조적 인간으로 거듭날 가능성이 커진다.

창조적인 사람은 문제가 주어졌을 때 두려워하지 않는다. 용기를 내 끊임없이 도전할 때 창조력의 근육 또한 자란다. 손에 쥔 것에 집착한 나머지 '되는' 이유보다 '안 되는' 이유를 찾는 데 급급해서는 안 된다. 지금부터라도 자신 안에 내재된 가능성을 믿고 자신감을 되찾아야 한다. 그것이 바로 잃어버린 창조력을 찾을 수 있는 열쇠다.

한 인간이 창조적 성장을 이루려면

김대식　　창조력은 한국과 이스라엘 양국 모두에 중요한 사회 경제적인 화두죠. '스타트업 국가'로 알려진 이스라엘은 한국이 벤치마킹 모델로 삼는 국가이기도 합니다. 이 대담에서 우리는 스타트업 생태계와 관련해서 창조력을 포함한 다양한 주제를 다룰 텐데요. 먼저 '잃어버린 창조력의 고리'를 찾는 여정을 시작해보죠. 인간의 성장 과정에서 창조력이 발현되는 것을 저해하는 요소가 무엇인지, 또 창조적인 사람들의 특징은 무엇인지 이야기해보려고 합니다.

바이스　　흥미로운 여정이 될 것 같네요.

김대식　　먼저 창조력과 관련하여 교수님 인생에서 흥미로운 지점들을 짚어보고 싶습니다. 보내주신 개인사를 읽어보고 조금 충격을 받았거든요. 특히 어린 시절에 눈길이 가는 부분이 여럿 있더군요. 한 인간의 창조적 성장에 영향을 미치는 역사적·환경적 요인들이 읽혔기 때문입니다. '생존'과 관련한 이야기도 있고요. 이 부분을 독자들과도 나누고 싶습니다. 먼저, 교수님이 이스라엘이 아닌 중국에서 태어난 데는 어떤 사연이 있나요?

바이스   제 부모님은 오스트리아 빈 출신입니다. 1930년대 후반 빈을 점령한 나치는 정치적으로 반대 입장인 사람들을 체포했습니다. 아버지도 체포되어 부헨발트 강제 수용소에 갇혔고요. 최악의 강제 수용소라 불리던 그곳에서 빠져나오려면 다른 나라로 가는 비자가 있어야 했습니다. 또한 그 나라에서 취업과 생계유지가 가능하다는 걸 증명해야 했죠.
부모님은 당시 빈 주재 중국 영사 허펑산(何風山)으로부터 중국으로 가는 비자를 받아 피신했습니다. 그는 상부의 지시를 무시하고, 수천 명의 유대인에게 나치의 입김이 닿지 않는 상하이행 비자를 무제한으로 발급해줬죠. 여담이지만 결국 그 일로 해임되고 말았어요. 이후 2015년에 이르러 타이완에서 그의 업적을 기리는 행사가 있었습니다. 전 그가 구해낸 사람들의 대표로 그 행사에 초대되었고요. 행사에 참석해 타이완 총통을 만나기도 했습니다.

김대식   19세기 중반부터 1930년대까지 빈은 유럽에서 지적 활동의 중심지 중 하나였습니다. 클림트 같은 유명 예술가를 비롯해 철학자와 과학자도 많았던 걸로 압니다.

바이스   맞습니다. 지적 활동이 활발히 이뤄졌던 도시죠. 예를 들어 프로이트와 융이 빈에서 교류했습니다. 현대 경영학의 아버지라 불리는 피터 드러커(Peter Drucker) 역시 제 부모님과 비슷한 시기에 빈에 있었습니다. 그 역시 나치를 피해 독일에서 영국을 거쳐 미국으로 피신했고 그곳에서 자신의 생각을 발전시켰지요.

김대식   신경과학자로 노벨생리의학상을 받은 컬럼비아 대학의 에릭 캔들(Eric Kandel)이 떠오르네요. 그는 자서전 1막에서 자신과 부모님의 기억을 통해 빈의 지식 활동과 문화적 환경에 대해 썼습니다. 한국에서도 『기억을 찾아서』라는 제목으로 번역되어 큰 주목을 받았어요. 한국 청년들은 빈에서의 기억을 쓴, 캔들의 이 책을 읽으며 어떤 생각을 할까요? 아마도 빈에서 성장한 노벨상 수상자가 자신의 어린 시절이 어땠는지에 대해 쓴 책이라고만 어렴풋하게 생각할 듯합니다. 하지만 이 책이 그보다 더 많은 의미를 담고 있는 건 분명하죠. 잃어버린 세대와 잃어버린 시절에 대한 이야기니까요. 당시 빈과 베를린에서 꽃피우고 있던 유럽식 혹은 서유럽식 유대 문화가 순식간에 사라져버린 이야기이기도 하고요.

바이스　당시 베를린에 있던 알베르트 아인슈타인도 생각납니다. 헝가리 태생의 미국인으로 응용역학자이자 항공역학자인 테오도르 폰 카르만(Theodore von Kármán)도 마찬가지 경우였습니다. 그는 캘리포니아 공과대학(CalTech) 산하 연구소 소장을 맡았었죠.

김대식　사실 얼마 전 보잉사(社)에서 나온 흥미로운 책을 한 권 읽었습니다. 거기에 폰 카르만 박사의 활동에 대해 쓴 장이 있더군요. 그가 캘리포니아 공과대학에서 어떤 활동을 벌였는지, 또 어떻게 그의 학생 몇 명이 베르너 폰 브라운(Wernher von Braun, 독일 출신의 로켓 연구가. 나치 당원으로 독일에서 로켓을 개발했다. 독일이 패전한 뒤 미국으로 건너가 장거리 로켓을 계속 연구했고, 1960년 이후에는 미국항공우주국의 우주개발 계획에 중요한 역할을 했다－옮긴이)과 함께 일하게 됐는지 적혀 있었습니다. 이런 이야기들은 흥미를 자아내지만, 일그러진 역사의 단면이기도 하지요. 미국의 항공공학과 우주공학 역사를 들여다보면, 많은 전문가가 유대인이거나 과거 나치 당원이었음을 알 수 있으니까요.

바이스　비단 미국만의 얘기가 아닙니다. 예전에 영국 케임브리지 대학 응용수학과에서 몇 년을 보낸 적이 있습니다. 당시 항공역학 관련 연구를 하다가 필요한 정보가 있어서 왕립항공연구원(Royal Aeronoautical Establishment)에 연락했는데, 그곳 원장이 디트리히 퀴셰만(Dietrich Küchemann) 박사더군요. 그 역시 나치 시대에 활동했던 독일인 과학자입니다.

김대식　베르너 폰 브라운은 세계사에 대해 아무것도 몰랐던 7세 때 제 영웅이기도 했습니다. 어린 시절 저도 다른 아이들처럼 우주와 아폴로 탐사에 관심이 많았죠. 폰 브라운은 '아틀라스 V 로켓'을 고안한 사람이잖아요. 나중에야 그가 나치였다는 사실을 알게 되었죠.
대화가 잠시 옆길로 샜는데, 교수님이 중국에 있었던 시기로 다시 돌아가겠습니다. 중국에서의 어린 시절에 대한 기억이 있나요? 교수님 부친은 빈에서 의사로 일하셨더군요.

바이스　아버지는 빈 대학을 졸업하고 빈 의과대학에서 강의하셨어요. 중국 상하이로 탈출한 뒤에는 구이린의 한 병원을 운영해달라는 제안을 받으셨고요. 전 그 병원에서 태어났는데 구이린에서의 기억은 남아 있지 않습니다. 1943년인가 44년 인가에 일본군의 폭격으로 도시가 쑥대밭이 되었고, 많은 사람이 피란을 떠났지요. 우리 가족은 미국 공군의 도움을 받아 윈난 성 쿤밍 시로 갈 수 있었어요. 그곳에는 미군 전투비행단인 플라잉 타이거스(Flying Tigers, 중일전쟁 및 태평양전쟁에서 일본군과 싸운 중화민국 공군 제1 미국인 의용 대대-옮긴이)가 주둔하고 있었습니다. 아버지는 쿤밍에 머물며 다시 병원을 열었죠. 이것이 제가 기억하는 전부입니다. 그때 전 3~4세 정도였어요. 제가 7세가 됐을 때 우리는 그곳을 떠났지요.

김대식 플라잉 타이거스는 미군 출신 지원병들이었죠? 미국이 일본에 선전포고를 하기 전까지 미군 출신이라는 걸 감춘 채 중국 등지에서 활동하고 있었고요.

바이스 네. 그들이 우리를 쿤밍으로 데려다줬습니다. 하지만 비행기를 탈 수 있는 특권이 없었던 약 30만 명의 사람들은 육로를 걸어서 구이린을 탈출해야 했고, 그 과정에서 많은 사람이 사망했어요. 매우 슬픈 이야기입니다. 그때 전 겨우 2세 정도였기 때문에 현실을 알 수도 없었지만요.

김대식　아실지 모르겠지만 한국인들은 일본이 그 당시의 역사를 다루는 방식에 분노하고 있습니다. 독일은 적어도 역사 교육 측면에서는 자신들의 과거에 대해 반성하는 과정을 거쳤잖아요. 다음 세대는 제2차 세계대전 세대와 다를 것이라는 점을 확실히 했고요. 하지만 안타깝게도 일본에선 그런 일이 벌어지지 않는 것 같습니다. 그래서 한국과 중국의 많은 사람이 우려하고 있습니다. 어쨌든 교수님은 역사적 대사건의 현장에서 자라나셨군요.

바이스　전쟁이 끝난 뒤, 저희 가족은 상하이로 옮겨갔다가 중국 공산혁명이 일어난 1949년 무렵 이스라엘에 왔습니다. 배를 타고 하이파 항구로 들어왔죠. 당시 제 부모님은 큰 충격을 받으셨습니다. 집도 부족한 데다 심지어는 식량 공급마저 원활치 않았거든요. 정착하는 게 쉽지 않았던 시기였죠.

김대식　그렇군요. 흥미로운 이야기입니다. 교수님의 인생 이야기가 또 한 권의 책이 될 수 있을 것 같네요. 이 책에서 우리는 창조력의 전반을 다룰 예정이지만, 이런 개인적인 경험이 시사하는 바도 크다고 생각합니다. 이런 경험들이 우리가 인생을 어떻게 살아갈 것인가, 혹은 어떻게 소중하게 만들 것인가 그리고 인생의 균형을 어떻게 맞출 것인가 등에 대한 해답을 찾는 데 도움이 되기 때문입니다.

바이스 제 경험에 비추어 생각해보면 이렇습니다. 창조력이나 적응력은 근육과 같아서 쓰지 않으면 퇴화되는 법이거든요. **모든 게 안전하고 편안한 어린 시절을 보낸 사람들의 경우, 창조력을 키우고 발휘해야 할 동기 부여가 강하게 이뤄지지 않았을 수 있어요.**

김대식 벌써 창조력의 비밀 중 첫 번째 요소가 제시된 것 같군요. 최악의 상황이라면 곤란하겠지만, 삶이 어느 정도는 고달파야 한다는 것 말입니다. 인생이 너무 쉽게 흘러가도 창조적인 사람이 될 수 없죠. 그 무엇에도 도전할 마음이 생기지 않을 테니까요.

창조력을 자극하는 환경과 경험

바이스 이건 또 다른 문제와도 연결 지을 수 있습니다. 여러 나라에서 오랫동안 재능이 뛰어난 아이들은 분리해서 교육해야 한다는 입장을 취해왔는데, 전 이게 좋은 방식인지 잘 모르 겠어요. **재능 있는 아이들이 좀 더 다양한 요소가 있는 환경에서 자라는 것이 중요하다고 생각해요.** 그래야 여러 수준의 사람들 을 만나고, 보다 도전적이고 창조력을 유발하는 관심사들을 발 견할 수 있을 테니까요.

김대식　　물론 창조력을 키우려면 어느 정도는 다양한 환경이 필요할 겁니다. 다만 이 문제는 좀 더 신중하게 접근할 필요가 있습니다.

바이스　　분명 그렇습니다. 예를 하나 들어보죠. 여러 통계에 따르면 학령기 아이 중 15~20퍼센트 정도만 고등 수학과 과 학적 문제해결 능력을 지니고 있다고 합니다. 문제는 그들이 항상 분리된 자신들의 그룹에만 머물면 그 능력을 창조적으로 발휘할 수 있는 다른 문제들을 접하지 못하게 된다는 점이에 요. 그러니 그룹을 분리하는 게 언제나 최선인 건 아니지요. 다시 창조력과 교육을 연결해보자면, 일반 학교에선 창조력 교 육에 대해 소극적입니다. 특히 교사 대부분은 자신이 가르친 대로 학생들이 대답해주길 원합니다. 만약 학생이 다른 대답을 하면 좋은 점수를 받기 어렵죠.

김대식　또다시 교수님의 어린 시절 이야기로 돌아가볼까요? 짚어볼 것들이 남아 있잖아요. 전 세계 아이들 대부분은 보통 모국에서 가족 혹은 또래집단에 둘러싸여 공을 차고 다니는 정도 이외에는 다른 특별한 경험을 해보지 못할 텐데요. 그렇기에 교수님의 이야기가 더욱 흥미롭습니다. 이미 그 나이에 여러 대륙을 넘나들었으니까요. 교수님의 부모님이 갖고 있던 역사적 기억을 고려해보면, 교수님은 유럽에서 자란 것이나 마찬가지라고 생각합니다. 그때까지 빈에 가본 적은 없었지만, 그곳의 사회 문화가 문화적 유전의 방식으로 교수님에게 전해지지 않았을까요?

바이스　그런 생각은 못해봤어요. 그런 면이 없지 않았겠죠.

김대식　저 역시 조금은 특별한 유년의 경험이 있습니다. 전 11세 때 한국에서 독일로 갔어요. 독일에선 어린 소년이라는 것만으로도 행복했지요. 축구 경기를 세 게임쯤 뛰면 친구들과 금세 어울릴 수 있었거든요. 덕분에 아주 빨리 적응할 수 있었습니다. 하지만 제가 어른이었다면 적응하는 데 상당한 어려움을 겪었을 것 같아요.

바이스　어린아이들의 적응 방식은 어른들에게도 효과가 있습니다. 예를 하나 들게요. 저는 2000년부터 2002년까지 미국 기업 IBM의 유럽 지사에서 일했습니다. 요즘 이러닝(e-learning)이라고 불리는 화상 교육 시스템을 설계하는 일이었죠. 여러 과제 중 하나가 독일에 있는 학생과 일본이나 한국에 있는 학생을 연결하는 것이었어요. 그 일을 하면서 우리는 각 지역 담당자들을 적어도 한 번은 만나게 할 필요가 있다는 걸 깨달았습니다. 함께 맥주 두 잔쯤 마시니 팀워크가 생기더라고요. 어른들이 맥주 두 잔을 마시는 것과 아이들이 축구 세 게임을 뛰는 게 동일한 효과를 나타낸 것입니다. 일단 업무와 무관하게 누군가와 친분이 생기면, 그 사람을 진심으로 이해하고 보다 적극적으로 함께 일할 수 있어요.

김대식　그러고 보니 교수님은 원래 꿈이 과학자였나요?

바이스　꿈에 대해 얘기하려면 제 개인적인 일화가 또 하나 필요하겠네요. 3~6세 무렵 제게 플라잉 타이거스 공군 기지는 놀이터였습니다. 조종사들이 저와 함께 노는 것을 좋아했어요. 비행기에 태워주기도 했지요. 제가 그 지역의 유일한 외국인 아이였거든요. 그들이 제게 커서 무슨 일을 하고 싶은지 물으면 비행기를 만들고 싶다고 답했습니다. 그에 얽힌 후일담도 있습니다. 당시 그곳에 있던 한 조종사가 그 시절 이야기를 책으로 출판했는데, 책에 등장하는 공군 기지에서 만난 어린아이가 바로 접니다. 수십 년 후에 그를 미국에서 다시 만났지요.

김대식　　바로 그거네요. 교수님은 어린 시절에 완전히 브레인워싱(brainwashing, 세뇌)을 당한 겁니다! 제가 신경과학자로서 말씀 드리면 **3~4세 무렵 인간의 뇌는 완전히 유연한 상태입니다. 교수님이 조종사들과 보낸 시간이 시냅스의 변화를 초래했다고 볼 수 있어요.** 쉽게 표현하자면 어린 시절 경험이 새로운 길을 열게 한 거죠.

교수님의 경험은 현대 신경과학 연구 결과에 부합해요. 사람은 기계가 아니기 때문에 결정론적으로 설명할 수 없지만 유도된 방향으로 나아갈 가능성은 높습니다. 문화, 환경, 그리고 사람들이 인생 무대의 토대가 되는 것이죠. 교수님의 경우 특히 어린 나이에 전투기를 타봤던 경험이 큰 의미가 있었을 겁니다. 6세 꼬마가 그런 멋진 비행기를 타는 경우는 거의 없을 테니까요. 교수님은 이미 어린 시절부터 항공공학에 관심이 있었네요. 하지만 훗날 항공공학이 매우 고된 연구이고 특히 광범위한 계량 기술이 필요한 분야라는 것을 깨닫게 되었을 테죠. 대학에서 배울 때는 어땠습니까? 그런 전문 계량 기술을 쉽고 능숙하게 다루셨나요?

바이스 일단 그랬다고 답하겠습니다.(웃음) 전 개인적으로 다른 문제가 있었습니다. 난필증(dysgraphia)을 갖고 있었거든요. 이 증상을 아시나요? 예를 들면 12를 쓰려고 했는데 종종 21을 쓰는 거죠. 또 글자와 숫자를 겹쳐놓기도 하고요. 이런 사정으로 학교에서 수학 점수는 그리 좋지 않았어요. 요즘에는 그런 증상을 보이는 학생들에게 시험 시간을 연장해줍니다.

김대식 몰랐던 이야기네요. 그런데 난필증 증상을 보였던 한 학생이 마침내 테크니온 대학에 입학해서 항공공학을 전공하게 됐군요?

바이스 그렇죠. 제가 입학할 당시는 항공학과가 생긴 지 얼마 지나지 않은 때였어요. 학생 수도 25명 남짓에 불과했죠. 더구나 그때까지만 해도 이스라엘은 항공기 대부분을 프랑스에서 수입했기 때문에 매우 작은 분과였어요. 그런데 1967년 제3차 중동전쟁(1967년 6월 5일 이스라엘이 이집트, 시리아, 요르단과 벌인 전쟁. 단 6일 만에 이스라엘의 일방적인 승리로 끝나 '6일 전쟁'이라고도 불린다-옮긴이) 이후에 샤를 드골 대통령이 이스라엘에 '고마운' 일을 해줬어요. 드골 정부가 이스라엘을 대상으로 한 비행기 수출을 금지해버린 겁니다. 이스라엘의 방위 산업과 항공우주 산업이 당장 위기에 처했어요. 프랑스에서 생산하는 미라지 전투기나 미사일 같은 무기를 구입할 수 없게 됐으니까요. 그때부터 이스라엘은 스스로 항공 산업을 시작해야 했습니다. 결과적으로는 그 덕분에 이스라엘의 항공 산업이 오늘날 명성이 자자할 만큼 발전하게 된 거죠.

김대식   재미있는 역사네요. 이스라엘에 대한 무기 수출 금지령이 이스라엘을 항공공학 분야의 독립적인 생산국으로 만든 것이군요.

창조적 성과로 이어지는 질문의 힘

바이스   제가 공군에 있던 1967년 전후로 모든 것이 급격히 변했어요. 그전까지는 연구 목적이 주로 수입된 무기의 관리였지만, 이후에는 무기의 성능 향상으로 바뀌었지요. 관련해서 흥미로운 일화가 있습니다. 초기의 미라지 전투기는 미사일 두

발을 탑재하도록 설계되어 있었죠. 이에 우리 공군의 엔지니어들은 "좋아. 그러면 두 발을 쏜 뒤에는 어떻게 하지? 기지로 귀환해야 하나?" 하는 질문을 하게 됐습니다. 그 해결책으로 전투기에 별도로 기관총을 실었지요. 그런데 전투기에 기관총을 탑재하자 이상한 오류가 발생했습니다. 총을 발사하면 배기가스가 엔진으로 들어가서 엔진이 꺼져버리는 현상이 나타났던 거예요. 그래서 제가 초기에 맡았던 전투기 프로젝트 중 하나가 배기가스 배출 방향이 바뀌도록 기관총을 다시 고안하는 것이었습니다. **질문 하나가 많은 변화를 가져왔지요.**

김대식 그렇군요. 전쟁 같은 긴박한 상황으로 인한 압박 때문에 기술 발전이 이뤄지는 경우가 있지요. 아랍과 이스라엘 간 전쟁은 여러 번 있었습니다. 그 당시 과학자들도 매우 분주했을 것 같은데요.

바이스 1967년 제3차 중동전쟁은 6일 만에 끝났습니다. 특히 공군 간 전투는 6월 5일 오전 8시에 시작해서 단 15분 만에 끝났죠. 이스라엘 전투기가 지상에 있던 아랍 공군을 폭격했어요. 하지만 1973년 제4차 중동전쟁의 양상은 달라졌습니다. 이집트와 시리아에서 러시아산 대공 미사일을 보유하고 있었거든요. 당시 저는 예비군으로 소집되었는데 매우 힘들었던 기억이 납니다. 손상된 비행기가 다시 전투에 나갈 수 있도록 최대한 빠른 시간 안에 수리해야만 했거든요. 엔지니어들이 비행기 날개에 난 구멍을 메울 부속품을 만들면, 재빨리 검토해서 재비행 가능 여부를 판단해줘야 했어요. 참 힘든 결정이었습니다. 그저 단순히 "안 됩니다. 먼저 강도 실험을 해야 해요. 2주 정도 소요됩니다"라고 하면 쉬웠겠지만, 그렇게 시간을 쓸 수 있는 형편이 아니었죠. 그래서 조종사의 목숨을 건 도박 같은 결정을 여러 차례 내릴 수밖에 없었습니다. 그런 도박 같은 결정이 저를 고민하게 했고, 이것이 제가 무인 비행 시스템을 연구하게 된 계기가 됐어요. 무인 시스템이 존재한다면, 조종사들의 목숨을 걸 필요가 없으니까요.

김대식   위기가 질문을 만들고, 그 질문이 창조적 연구로 이어진 사례군요. 제가 교수님을 처음 뵈었을 때, 교수님은 자동화 시스템, 생체모방학 시스템(biomimetic system), 동물의 이동운동(animal locomotion) 분야를 연구하고 계셨어요. 지금 말씀하신 것과 같은 항공공학자로서의 경력에 대해서는 전혀 몰랐죠. 정통한 항공공학자로서 미라지 전투기에 기관총을 탑재한 것과 동물의 이동운동 및 생체모방을 연구하는 것은 완전히 다른 분야입니다. 사실 한 사람의 연구 분야에서 이런 전환은 잘 일어나지 않잖아요. 언제 이런 전환이 일어났고 그 이유는 무엇인가요?

바이스   그 이유는 더 재밌습니다. 박사과정 중에 열역학의 최적화 문제를 연구하면서 항력 감소에 대한 연구 자료를 검토하고 있었어요. 그때 우연히 고래 피부에 대한 논문을 보게 되었죠. 고래들이 매끄러운 피부 덕분에 유체역학적 저항을 줄일 수 있다는 사실을 증명하는 논문이었어요. 우선 저는 이 연구 결과를 항공 분야에 적용해보았습니다. 그런데 연구가 진척되어도 대부분 군사기술과 관련한 것이라 이를 발표할 수가 없었어요.

그러던 중 우연한 기회를 얻게 되었습니다. 영국에 응용수학자이자 항공음향학의 선구자로 유명한 제임스 라이트힐(James Lighthill)이라는 교수가 있습니다. 영국 왕립학회 회원으로 기사 작위까지 받은 학자죠. 케임브리지 대학 루카시언 석좌교수직을 맡기도 했고요. 그가 쓴 물고기의 이동운동에 대한 논문은 당대에 발표된 가장 훌륭한 응용 논문 중 하나였습니다. 그런데 제가 그 논문을 읽다가 한 가지 오류를 발견했던 거예요.

김대식　　그때 교수님은 26세의 젊은이였고요.

바이스　　그렇습니다. 그래서 당시 지도교수에게 어떻게 하면 좋을지 여쭤봤더니 제 연구를 발전시킨 뒤 그 내용을 라이트힐 경에게 보내라고 조언해주더군요. 그래서 라이트힐 경에게 제가 다른 연구 결과를 얻었는데 혹시 잘못된 부분이 있는지 설명해줄 수 있겠느냐고 편지를 썼죠. 라이트힐 경은 곧바로 직접 쓴 답장을 보내주었습니다. 오류를 지적하고 질문해줘서 기쁘고 고맙다고 했어요. 그러면서 이 분야 연구에 관심이 있으면 함께하지 않겠느냐고 제안을 하더군요. 새로운 분야를 연구하는 엔지니어와 생물학자들의 모임을 케임브리지 대학에서 만들고 있다면서요. 그렇게 해서 전 새로운 기회를 얻게 되었지요.

김대식　　멋진 이야기네요. 교수님 이야기 속에 한국 독자들을 위한 하나의 중요한 메시지가 있다고 생각합니다. 저도 비슷한 일을 겪은 적이 있어요. 20세 무렵, 앞으로 인생에서 무엇을 할 것인지가 가장 큰 고민이었죠. 그러던 어느 날 텔레비전에서 저명한 과학자를 보게 되었습니다. 독일 막스플랑크연구소 소장 볼프 싱거(Wolf Singer) 교수였어요. 뇌의 비밀에 대한 프로그램이었는데, 저는 완전히 매료돼버렸습니다. 곧바로 프로그램 담당자에게 편지를 썼어요. '볼프 싱거 교수님을 소개받을 수 있나요? 뇌가 어떻게 일하는지 이해하고 싶어요. 도와주실 수 있을까요?' 하고요. 며칠 뒤 싱거 교수로부터 한번 만나보자는 답장을 받았습니다.

그렇게 만난 자리에서 그는 제게 왜 뇌에 관심을 갖게 되었느냐고 묻더군요. 저는 "우주에서 뇌가 가장 복잡한 구성체라고 생각하기 때문에 어떻게 작동하는지 알고 싶다"고 답했어요. 그는 미소를 지으며 "행운을 빌어요. 이 책상이 학생 자리예요"라고 말하더군요. 그렇게 제 경력이 시작되었지요. **교수님과 제 경험이 의미하는 것은 스스로 용기를 가져야 한다는 점입니다.** 도전한다고 해서 나무라거나 왜 그러냐고 따져 물을 사람은 아무도 없을 테니까요. 이런 유의 정직한 호기심을 가질 필요가 있습니다.

바이스　　스스로 용기를 낼 수 있었으니 우리는 운이 좋은 편이죠.(웃음) 우리 주변의 위대한 사람들을 보면 이런 예가 많습니다. 쉽게 설명하자면 '에이 플러스(A+)'를 받는 사람들이라고 할 수 있죠. 이들이 바로 어떤 아이디어를 제안하는 능력, 즉 창조력을 지녔다고 할 수 있습니다. 반면 적당히 노력해 '에이 마이너스(A-)'를 받는 사람들은 항상 자신보다 똑똑한 사람을 두려워합니다. 그리고 젊은이들에게 책잡히는 것을 겁내죠. 그런데 사회에서는 이른바 전문가 대우를 받습니다. 누군가 어떤 아이디어를 제안하면 긍정하는 대신 그것이 불가능한 이유만 샅샅이 찾아 들이미는 부류인데 말이죠.

김대식 이른바 전문가라는 사람들은 어째서 일이 잘 돌아가지 않는가에 대해서는 익히 알지만, 한편으로 그렇기 때문에 인간의 진보를 가로막기도 하지요.

창조적 인간은 무엇을 가졌는가

바이스 반대로 창조적인 사람들에겐 두려움이 없죠. 또한 그들은 다른 사람들 안에 있는 가능성을 발견합니다.

김대식 그들이 지닌 건 바로 자신감이죠.

바이스 네. 그들은 두려워할 필요가 없는 거죠. 예컨대 **경영 분야에서는 최상의 관리란 근로자들이 최대한 자유롭게 일할 수**

있게 내버려두는 것이라고들 합니다. 만약 그런 환경을 방해하는 걸림돌이 있다면 제거하는 게 조직 경영을 위해 해야 할 일이라는 거죠. 그런 면에서 팀이 꾸려지면 팀원들을 세부적으로 관리하지 말아야 합니다. 이 문제는 우리 대화를 다시 창조력으로 돌아가게 하네요. 사람들은 조직이 창조력을 갖길 원하죠. 그러면 먼저 팀원들을 창조적으로 만들어야 합니다.

김대식 그렇습니다. **팀원들을 창조적으로 만드는 첫 번째 필수 조건은 바로 팀 리더의 자신감입니다. 그것이 곧 창조적인 마인드로 이어지죠.** 그리고 지금 굉장히 중요한 부분을 지적하셨어요. 한국의 교육 체계에서 가장 큰 문제 중 하나는 학생들이 질문을 하지 않는다는 것입니다. 교수 입장에서 항상 불만족스러운 부분이죠. 그런데 제가 관찰하다가 알게 된 것은 학생들이 질문을 하지 않는 게 아니라 교수들이 학생들로 하여금 질문하지 못하게 하는 경우도 있다는 사실입니다. 이 점은 교수 중 상당수가 충분한 자신감을 가지고 있지 못하다는 사실과 관계가 있죠. 그래서 젊은 학생들이 때때로 아주 괴상하고 예측 불가능한 질문을 할 수 있는 환경이 조성되지 않는 거예요.

바이스 질문할 수 있는 환경 조성은 일찍부터 시작되어야 합니다. 그렇지 않으면 많은 아이가 더 이상 생각할 필요를 느끼지 못할 테니까요.

김대식 동의합니다. 한국 교육 체계의 기초 설계에 흠이 있는 것 같습니다. 학생이 교실에서 깊이 생각해야 할 근본적인 문제에 대해 질문하면, 교사가 그 질문을 차단하고 그 학생의 호기심을 꺾곤 하니까요. 그런 일을 두세 번 겪은 아이는 결국 질문을 멈추게 됩니다. 이 문제를 어떻게 해결할 수 있을까요?

바이스 제 개인적인 사례가 있습니다. 고등학교 시절, 대학의 수학과와 물리학과 교수들이 일주일에 한 번 저희 학교에 찾아와 방문 수업을 했어요. 수학 교수는 학생들의 질문을 북돋아주는 쪽에 목표를 두고 수업을 한 반면, 물리학 교수는 질문을 차단하는 방식으로 수업을 했습니다. 결과는 어땠을까요? 졸업반 학생 중 대부분이 물리학과를 선택하지 않더군요. 이런 식으로 학교의 수업 방식은 아이들의 미래에 큰 영향을 미칩니다.

김대식 제가 대중 강연을 할 때 사용하는 자료가 있는데요. 교육과 두뇌 발전의 상관성을 제시하면서, 결정적인 시기의 중요성을 설명하는 내용이에요. **대략 12세까지 무엇을 경험하느냐가 두뇌 회로를 바꾸게 된다는 거죠.** 만약 초등학교 교사가 학생이 어떤 문제에 대해 질문하는 것을 가로막으면, 그 아이의 머릿속에는 돌이킬 수 없는 답이 각인되고 맙니다. **질문을 차단하는 기계적인 교육 방식은 인간의 두뇌가 가장 유연한 시기, 즉 뇌가 다양한 정보를 스펀지처럼 흡수하는 시기에 '생각하는 힘'이 생성되는 걸 가로막죠.** 그 결과, 훗날 철학적으로 복잡한 문제나 그 밖의 인생 문제들을 풀어야 할 때 이미 두뇌는 굳어버린 상태가 되고 맙니다.

저는 뇌과학자이지만 고등학교 때 가장 좋아했던 수업이 의외로 역사와 철학이었습니다. 두 과목 선생님은 그 분야에서 박사학위를 가진 분들이었죠. 특히 철학 선생님은 진정한 철학자였어요. 대학 교수 자리를 마다하고 고등학교 선생님 자리를 선택한 분이셨고요. 그게 더 의미가 있다고 생각하신 거죠. 제가 그분의 수업을 즐겼던 이유는 그리스 철학을 두고 매우 깊이 있게 토론할 수 있었기 때문이에요. 교육 환경은 중요한 문제예요. 시스템의 문제이면서 철학의 문제이기도 합니다. **질문할 줄 아는 아이가 계속해서 새로운 질문을 하고 또 그 답을 찾는 창조적인 어른이 될 테니까요.**

바이스   네. 그렇습니다.

김대식   여기서 이번 대화를 마치죠. 앞으로 계속될 이야기가 인간의 공유 경험에 근거해서 창조력을 찾는 흥미로운 여정이 되었으면 합니다. 우리 두 사람의 인생 경험을 합치면, 5개국을 넘나들면서 120년 이상을 살고 있는 셈이니까요. 다음 장에서는 무엇이 '진짜' 창조력인지와 그것의 형성 과정에 대해 알아보도록 하겠습니다.

2장

창조력은 어떻게 자라나는가

창조력이란 전에 없던 것을 만들어 새로운 성과를 이루어내는 능력이다. 현대적 관점에서 진정한 창조력은 전혀 다른 둘 이상의 영역을 융합해 새로운 아이디어로 구현해내는 것을 뜻한다. 또한 그 결과로 둘 이상의 영역을 넘어선 무언가를 실제로 만들어내는 것이다. 스타트업 국가로 불리는 이스라엘의 저변에는 영역 간의 융합, 여러 지식을 결합해내는 다학문성이 자리하고 있다.

진정한 창조력을 구현해내려면 개개인이 문제 해결의 필요성을 파악하는 눈을 가져야 한다. 자신의 세계에 완벽하게 만족하는 사람은 영역을 초월한 새로운 아이디어나 혁신을 필요로 하지 않는다. 즉, 매우 사소한 것에 대한 불만족, 이른바 '건전한 불만족'이 창조의 도약이 될 수 있다.

창조력을 지닌 사람들은 만족으로 인해 희미해지기 쉬운 '강력한 동기'를 끝까지 잃지 않는다. 또한 어떤 문제가 닥쳤을 때 내가 이 문제를 두고 무엇을 할 수 있을지 끊임없이 고민한다. 결핍에 따른 동기부여, 당연한 것에 대한 도전, 스스로 문제를 해결하려는 자발적 태도, 대상을 바라보는 다양한 관점, 예상되는 결과물에 대한 끊임없는 자기비판 등이 창조력을 발휘할 수 있는 근간이 된다.

사소한 불만이 혁신을 만든다

김대식　이제 창조력을 조금 더 구체적으로 분석해보겠습니다. 먼저 창조력의 개념을 제대로 정의해볼 필요가 있을 듯합니다. 과학자들은 어떤 연구를 시작할 때 먼저 그게 무엇인지 정의를 내려보곤 하잖아요. 좀 더 깊은 의미에서 창조력이란 게 실제로 무엇인지에 대해 정확하게 짚고 넘어갈 필요가 있다고 생각합니다.

바이스　창조력을 정의하는 건 매우 힘든 일이에요. 워낙 다양한 해석이 가능하니까요. 그러니 여기서 논하려는 창조력이 도대체 어떤 종류의 것인지를 명확히 하는 게 먼저일 것 같군요. 우리 직업이 과학자이니만큼 먼저 과학적 창조력에서 이야기를 시작해보죠. 제 견해를 말씀 드릴 테니 이의가 있으면 언제든 이야기해주세요. **창조력을 정의할 때 첫 번째 전제는 '필**

요성(니즈)을 파악하는(느끼는) 능력'입니다. 기존 이론에 어떤 허점이 있는지, 또는 기존 제품이나 아이디어에 어떤 결함이 있는지를 알아내는 과정에서 니즈를 파악할 수 있습니다. 파악한 니즈에 대해 고민을 시작하는 바로 그 지점에서 창조력이 활발히 발휘되기 시작합니다. '필요는 발명의 어머니'라는 유명한 격언이 있잖아요. **자신이 현재 살아가는 방식에 대해 모든 면에서 만족하는 사람이 창조적일 리가 없습니다.** 이는 곧 어떤 필요나 결핍이 창조적 사고의 원천이라는 이야기로 연결되지요. 기존 방식으로는 해결할 수 없다는 압박감 같은 것을 느껴야 합니다. '그렇기 때문에 새로운 게 필요하다, 혁신해야 한다'는 생각이 들어야 해요.

김대식　　교수님 말씀에 전적으로 동의합니다. 현재 자신의 세계에 완벽히 만족하는 사람에게 새로운 아이디어나 혁신은 필요가 없겠죠. 그런데 이제껏 많은 사람을 봐왔지만, 완벽하게 행복한 이는 한국에도 이스라엘에도 없는 듯합니다. 사람들은 많은 문제를 느끼고 있고, 그에 따라 발생하는 니즈에 대해서도 인지하고 있습니다. 하지만 이게 곧 혁신으로 이어지지는 않습니다. 사람들 대부분은 그저 불평만 늘어놓을 뿐 혁신은 포기합니다. 말하자면, 니즈가 생겨도 적극적으로 대처한다기보다는 소극적으로 방치하고 감수하는 경우가 많은 거죠.

바이스　　물론 대다수가 그렇습니다. 그렇다면 사람들이 더 이상 참지 못하고 조치를 취하려는 의지가 솟구치는 '경계선'은 어디쯤에 있는 걸까요? 거기에는 아마도 문화적 차이가 작용할 겁니다.

정치인들에게 불만을 가지는 사람은 많습니다. 그들은 이대로 대충 넘어가서는 아무것도 변화시킬 수 없다고 말하죠. 이런 배경에서 시위가 벌어지고, 때로 창조적인 일이 생기기도 합니다. 예를 들면 2010년 이집트에서 벌어진 '아랍의 봄' 봉기 당시, 자신들의 주장을 충분히 많은 사람이 듣지 못하는 데 불만을 가진 한 사람이 소셜미디어를 시위에 이용했습니다. 창조적인 사람, 즉 혁신가라고 할 수 있겠죠.

더 구체적으로는 신발끈을 대신할 수 있는 벨크로 스티커를 발명한 사례가 생각나네요. 이 아이디어의 탄생 과정을 한번 볼까요? 신발끈을 묶는 데 시간이 걸리는 게 불만인 사람이 있었어요. 그가 정원에서 개와 함께 산책을 하는데, 꽃씨가 날아와 개의 몸에 달라붙었습니다. 그걸 보고는, 날아든 그 씨가 물체에 달라붙기는 쉬워도 떼어내기는 아주 어렵다는 사실을 알게 되었죠. 이것이 바로 유레카, 즉 창조의 순간이었던 거예요.

김대식　　흥미로운 얘기네요. **결국 매우 사소한 것에 대한 불만족이 커다란 창조의 도약이 될 수 있다는 말이네요.**

바이스　　그럼 과연 무엇이 만족과 불만족의 경계를 바꾸고 창조적 사고를 하게 만드는가에 대해서 얘기해보죠. 현대에서는 경제적인 동기가 클 겁니다. 변화를 만듦으로써 돈을 번 사람이 이웃에 있다면, 사람들은 자기도 직접 변화의 가능성을 모색해보게 됩니다. 많은 스타트업이 이렇게 시작되었어요. 혁신 경제가 실리콘밸리나 이스라엘처럼 특정 지역에서 무리 지어 나타나는 이유가 바로 거기에 있습니다. 주변인의 경험과 반응에 영향을 받는 거죠.
그러므로 어떤 사람이 아이디어를 내놓으면 주변에서는 격려해줄 필요가 있어요. 또 누군가가 어떤 문제를 해결해야 할 필요성에 대해 얘기하면, 그렇게 하라고 길을 열어줘야 하고요. 스스로 못 하면 다른 사람을 동원해서라도 해결하라고 부추겨야 해요. 그 과정에서 앞서 말했듯이 경제적인 동기로 시작했다 하더라도 반드시 부자가 된다는 법은 없지만, 최소한 문제는 해결할 수 있을 겁니다.

인생의 골든 링크, 불완전을 인정할 것

김대식　　이제 창조력과 문화에 대해 이야기를 해볼까요? 아시다시피 일상적인 삶이든 과학이나 공학 분야든, 어디나 크고 작은 문제는 있게 마련이죠. 먼저 그것을 인정할 필요가 있습니다. 창조적인 작업의 첫 단계로 **삶이 불완전하다는 사실을 받아들였을 때, 창조적인 사람은 그 사실에 압도되기보다는 "내가 이 문제에 대해서 뭘 할 수 있을까? 뭘 해야만 할까?"라는 질문을 던집니다.**

때로 인생은 참혹합니다. 설령 참혹하지는 않을지라도 이상적인 삶과는 거리가 멀게만 느껴집니다. 한국의 많은 청년은 인생에 있어 완벽에 가까워야 한다는 기대 수준을 갖고 있습니다. 제가 그들을 보며 느끼는 게 이런 부분인데요, 어디에서 비롯된 것인지는 모르지만 아무튼 정말 높은 기대치를 가지고 있어요. 그런데 그들의 인생 경험이 제한적이기 때문에 그런 기대치는 문제가 될 소지가 있어요.

일찌감치 현실에 던져지는 이스라엘 청년들과 달리 한국 청년 대부분은 교육열 넘치는 어머니의 보호를 받습니다. 한국 어머니들은 유대인 어머니들을 훨씬 능가하는 수준으로 자식을 보호해주려는 성향을 갖고 있거든요. 한국 청년 대부분은 부모

또는 다른 사람이 제공하는 인공적인 안전 하에 성장합니다. 그러다가 학교를 졸업하고 나면 그제야 인생이 얼마나 불완전하고 불공정한가를 깨닫고 충격을 받게 되죠. 그런데 그 충격이 창조력이나 혁신으로 이어지는 것 같지는 않습니다. 뭐랄까, 그로 인해 정신적으로 얼어붙게 된다고 할까요. 상처받고 심약해지기도 합니다. 문화적·심리적 차이가 창조력에 어떤 영향을 미치는지에 대한 하나의 해석이 될 수 있겠죠.

바이스　　한국 청년들도 군복무를 하고 있지 않습니까? 본격적인 사회생활이 시작되기 전에 하는 군복무가 그들에게 어떤 자각의 계기가 되지 않나요? 남녀 구분 없이 이스라엘 젊은이들에게는 군대가 그런 역할을 하고 있거든요. 이스라엘에서는 18세가 되면 의무적으로 군복무를 해야 합니다. 복무 기간 동안 모든 문제를 스스로 해결하고 전략을 구축하며 이를 실행할 권한과 의무를 갖습니다. 규율을 배우고 육체적 훈련을 하는 한편, 스스로 여러 가지 일을 해내도록 마음을 단련하는 훈련도 합니다. 즉각 판단하고 결정을 내리면서 새로운 관점을 갖게 되고 보다 성숙한 인간으로 거듭나지요. 이는 사회생활에 큰 도움이 됩니다.

김대식　한국에서도 군복무가 의무이긴 하지만, 이스라엘과 는 반대의 결과를 가져오는 자각의 계기가 되기도 합니다. 한 국 청년들은 군대에서 자신의 삶을 스스로 결정하기 위해 할 수 있는 게 아무것도 없는 상황을 마주하게 되거든요. 그래서 군복무가 비생산적인 결과를 낳는다는 비판을 받고요.

젊은이들은 모든 게 이미 구조화되어 있는 군대 체제에 들어가 기 때문에 그 속에서 살아남으려면 '군말 없이 기존 질서를 따 라야 되는구나' 하는 생각을 하게 됩니다. '이게 삶이고, 이게 나야. 난 내 삶의 문제를 풀어야 해'라기보다 '괜찮아. 모든 게 이미 정해져 있고 구조화되어 있잖아. 위계질서도 엄격하고 말 이야. 이 거대한 벽 같은 체제에 머물려면 잘 적응하는 것이 최 선이야'라고 생각하게 되는 거죠. 그렇다 보니 이들이 사회에 복귀했을 때 자기 자신이나 인생에 대해 잘못된 사고방식을 갖 게 되는 건 아닐까 걱정도 됩니다.

바이스　물론 군대라는 특성상 위계질서가 있긴 하지만 그 정 도로 딱딱한가요? **이스라엘 군대에선 자신의 아이디어를 제시 할 수 있도록 북돋아줍니다. 포인트는 '질문이 가능하다'는 것이 지요.** 상급자에게 문제 해결책을 바라지도, 요구하지도 않습니 다. 이것이 그들이 앞으로 살아갈 비즈니스 세계에서 큰 도움이 되고요.

이번 대화에서는 창조력을 정의하는 것뿐만 아니라 우리 인생에서 '약한 고리'라 일컬어질 수 있는 시점을 찾아내 그 시기를 어떻게 보내야 하는지를 생각해보는 것도 중요할 거 같네요. 혹시 '골든 링크(golden link)'라는 말을 들어보셨나요? 하나의 사슬에는 가장 값비싸면서도 가장 약한 부분, 즉 골든 링크가 하나 있습니다. 아마 18세라는 나이가 바로 골든 링크에 해당하지 않을까요? 이스라엘에서는 고등학교 졸업 후나 군복무 시기에 부모가 자식 일에 관여하지 않습니다. 인생의 골든 링크, 즉 가장 값지면서 또 가장 약한 그 시기는 보다 신중한 관리가 필요하다고 봅니다. 그렇게 **인생의 변화가 이루어지는 중요한 시점에는 대체로 스스로의 선택을 존중하고 격려해주는 편입니다.**

서로 다른 영역의 접점을 확보하라

김대식 저는 이스라엘에 들르면 보통 텔아비브에서 지냅니다. 그런데 그곳 친구들은 텔아비브만 봐서는 이스라엘의 전부를 아는 것이 아니라고 말하더군요. 말하자면 텔아비브는 다른 세상, 즉 이스라엘의 이상적인 면만 부각되는 신기루(bubble) 라는 얘기였습니다. 물론, 모든 사람이 이 거대한 신기루 속에 사는 것은 아니겠지만요.

한편으로 저는 한국 아이들이야말로 거대한 신기루 속에 살고 있는 게 아닌가 하는 생각이 듭니다. 이 신기루는 이 나라의 실제 현실과는 거리가 멀고, 오히려 부모나 교사 혹은 미디어 등에 의해 투영된 가상현실과 더 가까운 것 같아요. 문제는 신기루는 영원히 지속되지 않는다는 겁니다. 언젠가 와르르 무너질 테죠. 그게 신기루의 속성이니까요. 그 신기루가 사라지면 가상의 안락함 속에서 평생을 자라온 아이들은 어떻게 될까요? 아마 끔찍한 충격을 받을 거예요. 이것이 한국 사회의 큰 문제 중 하나입니다. **삶을 살다 보면 문제가 발생하기 마련인데, 이 아이들은 그 문제를 해결할 주체가 자기 자신이라는 사실을 인지한 적이 없거든요.**

바이스　　그렇군요. 누군가 창조력을 갖지 못하는 이유 중 하나가 어떤 필요를 느끼지 못하기 때문이라면, 이를 바꾸기 위해선 청년들에게 삶이 완벽하지 않다는 걸, 그러므로 자신과 다른 사람들을 위해서 변화를 창조할 수 있는 능력을 지녀야 한다는 걸 납득시켜야겠네요. 그런데 필요를 느끼는 것은 필요

조건이지 충분조건은 아닙니다. 우리에게는 그 외에도 다양한 것들이 필요하죠.

창조력에는 진짜와 가짜가 있습니다. 때로 몇몇 연구자는 기존 분야에서 약간 진전하는 것에 만족하곤 해요. 이것이 '가짜 창조력'의 한 사례가 아닐까요? **가짜 창조력은 언뜻 새로워 보이지만 실제로는 기존의 것과 크게 다르지 않은 무언가를 만들어내는 것입니다.** 산업 분야에서 기술 향상이라고 불리는 것들 역시 진정한 의미에서의 혁신이라고 할 수 없는 것들이 있습니다. 예를 들어 텔레비전이나 자동차 등의 신제품이 나왔을 때 단지 작은 기술의 향상만이 이뤄진 경우가 많죠. 더 많은 돈을 벌 수는 있겠지만, 이런 신제품이 진짜 창조력은 아닌 거죠.

김대식 그렇다면 교수님이 생각하는 진짜 창조력이란 무엇입니까?

바이스 **진짜 창조력은 서로 다른 영역의 사실과 아이디어를 연결할 때 발현되는 것입니다. 그 결과로 두 개 이상의 영역을 넘어선 무언가가 만들어져야 하고요.** 예컨대 저는 동물과 생물의 활동을 자세히 살피는 분야인 생체모방 기술을 연구하지만, 다른 한편에서 공기역학을 다루고 있습니다. 그 과정을 통해 현재 우리가 설계하고 있는 항공기보다 더욱 효율적인 항공기 아이디어를 제안할 수 있는 거죠. 하늘을 나는 새나 벌레를 보고 이종(異種)의 아이디어를 제안할 수 있는 겁니다. 이런 과정은 이미 30~40년에 걸쳐 진행되어온 작업이에요.

그렇다고 두 개의 다른 영역이 꼭 전제되어야 하는 건 아닙니다. 같은 분야에서도 두 개의 다른 견해를 통해 새로운 아이디어를 끌어낼 수 있으니까요. 한편에서는 과학이, 다른 한편에서는 예술이 맞물리는 경우도 얘기할 수 있어요. 20세기 중반부터 최근까지, 과학기술을 응용한 방법을 작품에 활용하는 예술가가 적지 않게 있었지요. 수학적 기법을 활용해서 아름다운 예술을 만들어내는 경우입니다. 교수님도 이런 예술 작품을 많이 보셨을 겁니다. 프랙탈 아트(Fractal Art, 프랙탈은 작은 구조가 전체 구조와 비슷한 형태로 끝없이 되풀이되는 것으로 눈송이나 풀잎처럼 자연의 불규칙한 구조를 구현할 수 있다. 프랙탈 아트란 이 프랙탈 패턴을 이용한 추상적이고 환상적인 시각예술을 말한다-옮긴이)가 그 예죠. 제가 이야기하려는 창조력이 이런 거예요. 두세 가지 다른 영역의 것을 응용해서 그 결과로 새로운 무언가를 찾아내는 것이죠. 이런 걸 진짜 창조력이라 할 수 있을 겁니다.

김대식　　저도 그 점을 강조하고 싶네요. 창조력을 가지려면

수학적 기법을 이용해 예술 작품을 만들어내는 프랙탈 아트.

폭넓은 시각을 가져야 합니다. 물론 개인차는 있겠습니다만, 창조력과 혁신은 대개 경계선 혹은 접촉면에서 나타나니까요. 새로운 것들이 접촉면에서 생긴다는 것은 분명합니다. 본질적으로 혁신은 두세 가지 다른 분야로부터 구축되어온 무언가를 재조합 또는 재배치함으로써 생기는 것이죠. 그 접점을 다른 방식으로 해석해내는 데서 창조력이 탄생하는 거니까요.

바이스　　반드시 접점이 필요하다는 건 다소 지나친 주장으로 들릴 수 있겠지만, 접점을 통해 탄생하는 창조력이 갈수록 드물어지고 있다는 점은 분명 아쉽습니다.

김대식   좋습니다. 그러면 교수님의 활동을 기반으로 이야기를 해볼까요? 교수님은 항공 엔지니어로 경력을 시작하셨죠. 그러다 박사학위 과정을 시작하고 항공역학과 생체모방학 지식을 계속해서 통합해오셨고요. 그런 통합이 실용적인 연구의 측면에서 도움이 되었나요?

바이스   그 이상이었다고 답할 수 있습니다. 엔지니어링이란 일반적으로 기계나 장치를 새로운 방식으로 활용하는 영역을 말합니다. 엔지니어링은 두 종류로 나눌 수 있는데요. 기계·전기·화학 등 학문 분야가 있고, 항공우주공학·식품공학·농업공학 등 산업 분야가 있습니다. **특정 산업 분야를 지원하는 산업 부문 엔지니어링의 경우, 복합적인**(multi-disciplinary) **사고방식이 필요합니다.**
저는 항공역학을 연구하지만, 이를 잘 이해하기 위해 연소와 구조 등도 파악해야 했습니다. 전반적인 비행기 설계를 위해서였죠. 이렇듯 기본적으로 복합적인 사고 훈련이 필요한 분야가 있습니다. 그런 훈련을 통해서 연구를 좀 더 쉽게 진전시킬 수 있지요. 다른 예로 생명의학공학의 기초 중 많은 부분이 항공우주공학자들의 연구로 구축될 수 있었습니다. 샤피로(Ascher H. Shapiro, 미국의 기계공학자로 매사추세츠 공과대학 교수를 역임했다- 옮긴이)나 라이트힐과 같은 학자는 항공우주공학에서 시작했지만 결과적으로는 혈류·심박·청력 등 의학 연구까지 발전시키게 되었지요.

여러 학제 간 지식을 요구하는 훈련이 이뤄지면 성취는 더 쉽게 가능해집니다. 이러한 분야 간의 융합, 즉 매시업(mash up)은 이스라엘 저변에 깔린 문화라고 볼 수 있습니다.

김대식　경직된 분위기의 사회에서는 기대할 수 없는 문화군요. 자유로운 사고가 있어야만 그런 성취가 가능할 것 같습니다. 그런 예를 과학 분야가 아닌 다른 영역에서도 찾아볼 수 있을까요?

바이스　물론입니다. 교수님도 이 경우에 해당되겠지만 2개 국어를 사용하면서 자란 아이는 다른 아이들보다 쉽게 세 번째 언어를 익힐 수 있습니다. 한 가지 언어만 쓰다가 20세가 넘어 새로운 언어를 배우는 건 어려운 일이죠. 한 가지 언어를 통해 한 가지 방식으로 사고하도록 훈련되어 있기 때문입니다. 하지만 2개 국어 이상을 사용할 경우 사고 체계 또한 언어적 특성에 맞춰 두 가지 이상으로 갖춰지기 때문에 다른 언어를 배울 때에도 훨씬 쉽고 상황에 따라 유연하게 대처할 수 있습니다.

김대식   제 생각에도 학제 간 연구와 언어의 조기 습득 과정에는 공통점이 있는 것 같습니다. 두 가지 다른 분야에서 훈련되는 것과 두 개의 다른 언어를 사용하면서 성장한다는 사실이 그렇습니다. 같은 문제를 서로 다른 시각과 관점에서 보는 능력을 갖게 되는 것이죠.

바이스   대표적인 예가 피카소의 입체파 그림입니다.

김대식   그렇죠. 피카소의 입체파 그림은 정면에서 본 것과 측면에서 본 것이 하나의 면에 통합되어 있어요. 저는 한국에서도 출간된 호프슈태터(Douglas R. Hofstadter, 미국의 인지과학자-옮긴이) 교수의 저서 『괴델, 에셔, 바흐: 영원한 황금 노끈』(까치, 1999)의 표지 그림도 생각나네요. 표지 가운데 나무로 만든 조형물 같은 게 있잖아요. 그걸 바라보는 각도에 따라 알파벳 G가 되었다가, B가 되었다가, 또는 다른 글자가 되는 것이죠. 다시 교수님의 경우로 돌아와서 이처럼 교수님이 항공역학과 생체모방학이라는 두 분야에서 훈련이 되었으니, **어떤 문제를**

해결해야 할 필요가 생길 때 두세 가지 측면에서 그 문제에 접근할 수 있는 능력을 갖게 되는 것이죠. 그럴 경우 하나의 시각으로 접근할 때보다 그 문제를 해결할 가능성은 더 높아질 겁니다. 그건 실생활에서도 마찬가지고요.

건설적인 불만족이 필요하다

바이스　　그런 방식은 본질적으로 삶의 다른 분야에 적용됩니다. 제 또 다른 연구 분야인 경영을 예로 들어볼까요? **성공적으로 경영하는 방법 중 하나는 다른 사람의 관점을 이해하는 것입니다.** 이 역시 하나 이상의 관점으로 문제를 바라보는 것이죠. 즉 다른 사람의 관점이나 니즈를 제대로 이해할 수 있다면, 비즈니스 거래에 대해서도 정확히 파악할 수 있을 겁니다. 성공적인 거래에 있어서도 위와 같은 원리에서 발현된 또 하나의 창조력이 나타나는 거예요.

김대식　　교수님의 말씀을 듣다 보니 장 피아제(Jean Piaget, 스위스의 심리학자이자 논리학자로 아동심리에 조예가 깊었으며 아동의 인지 발달 단계를 설립했다-옮긴이)의 '아동발달 이론'이 떠오릅니다. 그의 주장에 따르면 인간은 유아기에 필연적으로 모든 문제를 오직 자신의 시각에서 보는 자기중심적 단계를 밟는다고 합니다. 이 단계의 아이에겐 자신의 관점을 바꿀 능력이 없습니다. 하지만 그 뒤 성장하면서 똑같은 사물을 여러 각도에서 바라보는 법을 배우게 됩니다. '다른 사람은 세상을 어떻게 바라볼까?' 하는 생각을 하게 되고, 이를 통해 관점을 다양화하죠. 이것이 자연스러운 성장 과정입니다.

하지만 다 자란 성인 중에 유아기 단계에서처럼 자기 관점으로만 세상을 바라보는 게 아닌가 하는 의심이 드는 사람이 간혹 있습니다. 한국 사회 역시 그런 모습이 엿보입니다. 어떤 면에서는 피아제가 말한 인지발달 초기 단계에 머물러 있는 것이 아닌가 하는 안타까움이 들 때도 있죠.

바이스   흥미로운 지적이군요. 그런 상황에서는 창조력을 불러일으키기가 어렵죠.

김대식   물론입니다. 다양한 분야의 관점을 수용하는 능력이야말로 창조력의 핵심이자 필수적인 조건이니까요. 한 가지 덧붙이자면 세상에 대한 '건설적인 불만족'을 가질 필요가 있습니다. 교수님도 그것이 얼마나 파괴적인 힘을 갖고 있는지 알고 계시지요? **창조력에 절대적으로 필요한 요소는 건설적인 불만족이라고 생각합니다.**

바이스　　정말 옳은 말씀입니다. 예술가들은 대개 우울할 때 최고의 작품들을 만들어내잖아요. 반 고흐나 뭉크를 비롯한 예술가들의 절정기를 생각해보면 말입니다.

김대식　　건설적인 불만족은 야망이랄까, 투쟁 욕구 같은 걸 불러일으키는 요소로 작용하죠. '그래, 난 이 문제를 해결하고 싶어'라는 식으로요. 에베레스트 산을 최초로 정복한 등산가 에드먼드 힐러리는 "왜 산을 오르는가?"라는 질문에 "산이 거기에 있기 때문"이라고 대답했죠. 그러나 모든 사람에게 그런 게 이유가 되지는 않을 거예요. 산이 거기 있다는 사실이 모든 사람에게 불만족이나 동기를 유발하지는 않잖아요. 하지만 적어도 에드먼드 힐러리는 산이 거기에 있는데 그 산을 오르지 못하는 상황에 심히 불만족을 느낀 거고요. 건설적인 불만족이 창조력의 필수 요건이 되는 예로 볼 수 있습니다.

바이스　　하나 덧붙이겠습니다. **진짜 창조력을 가지려면 시기 적절하면서도 유용한 답을 내놓을 수 있는 능력이 필요합니다.**

괴상한 사람들은 황당한 아이디어만 내놓으니까요.

김대식　　　그 아이디어들은 완전히 쓸모없는 것일 테고요.

바이스　　　네. 그래서 진짜 창조적인 사람이·되려면, 자기비판이 필요합니다. 물론 황당한 아이디어가 떠오를 수 있겠지만 꼭 곱씹어 생각해야 합니다. 그런 아이디어를 실행하느라 시간과 돈, 인력 등을 낭비하기 전에 말이죠. 스스로 그게 잘 안 된다면 주변의 조언을 구해야 해요. 그렇게 해서라도 다른 관점을 취해야 하는 거죠.

김대식　　　그렇습니다. 가족 중에 심각한 질병을 앓는 환자가 있을 때 가능하면 여러 의사에게 진찰을 받아보게 하는 것과 같은 거죠.

문득 미국 33대 대통령 해리 트루먼이 경제 전문가들에 대해 했던 말이 생각나네요. 트루먼은 많은 경제 전문가에게 미국의 경제와 정치에 대해 조언을 구한 뒤, 그들의 손이 세 개가 아닌 것이 다행이라고 말한 적이 있습니다. 왜냐하면 그가 경제 전문가들에게 질문할 때마다 그들은 언제나 한편으로는(on one hand) 이렇고, 다른 한편으로는(on the other hand) 저렇다고 말했기 때문이죠. 이 전문가들에게 세 번째 손이 있었다면 해리 트루먼은 아마 세 개의 불확실한 아이디어를 들었을 겁니다. 확실성이 필요했기 때문에 그에게는 두 개의 의견도 많은 것이었어요. 그는 답을 필요로 했던 겁니다.

바이스　　재미있는 일화입니다. 여기에 한 가지 더 추가하자면, **창조력은 목적을 필요로 한다는 것입니다.**

김대식　　맞습니다. 어쩌면 그것이 스티브 잡스가 존재했던 이유이고, 실리콘밸리 문화가 형성된 이유일지도 모릅니다. 우리는 창조력을 새로운 신으로 모시면서 간구하는 시대에 살고 있잖아요. 모두가 창조적인 사람이 되려고 하지요. 하지만 **창조력이 때로 낭비나 실질적인 손해를 유발할 수 있다는 걸 알아야합니다.** 어쩌면 정말 창조적인 방법으로 한 국가나 회사를 망칠 수도 있으니까요.

개인적인 얘기를 하나 하자면, 제가 일주일에 한 번씩 모르는 사람으로부터 이상한 전화를 받고 있습니다. 그 사람이 하는 말이, 국정원에서 자기 뇌 속에 도청 장치를 심어놓았으니 저더러 그걸 제거해달라는 거예요. 남다른 사고방식을 가졌다는 관점에서 보면 그는 분명히 매우 창조적인 사람일 테지만, 그

얘길 듣는 제겐 엄청난 시간 낭비입니다. 그에겐 정신적인 문제가 있죠. 우리가 창조력을 마치 새로운 하나의 종교처럼 맹신해서는 안 된다는 걸 알려준다고나 할까요.

바이스　　맞습니다. 그래서 아이디어가 있다고 무턱대고 실행하는 건 낭비인 거죠. **만일 누군가가 어떤 아이디어를 제안한다면 그것은 향후 20년간 유효하다는 가능성을 갖고 있어야 해요.** 다시 한 번 말하지만 창조력은 유용해야 하는 동시에 시기적절해야 하는데, 여기에도 주의를 요하는 부분이 있습니다. 바로 유용성 여부를 결정하는 게 누구냐 하는 문제죠.

김대식　　적절한 문제 제기입니다.

바이스　　좋은 아이디어가 너무 빨리 꺾이는 것을 바라지 않기 때문에 더욱 그렇습니다. 소위 전문가라고 불리는 사람들은 누군가의 아이디어가 말이 안 되는 이유를 하나부터 열까지 줄줄이 댈 수 있는 사람입니다. 부정적인 면을 찾는 일에 익숙하죠. 초기 단계, 즉 브레인스토밍에서는 아이디어가 사장되지 않도록 주의할 필요가 있습니다.
이는 식물을 키우는 일과 비슷해요. 어린 식물을 잘못 건드리면 쉽게 죽습니다. 물론 자라서 성목이 된 이후에도 주변에서 나쁜 영향을 받게 된다면 그 나무는 생존이 어렵겠죠. 그래서 초반부터 유용성만을 따지는 것은 문제가 될 수 있습니다. 실질적으로 어느 시점에서는 유용성을 따져보지 않을 수 없게 되지만요.

김대식 그와 관련해 **우리가 할 수 있는 최선은, 어떤 아이디어가 유용한지 아닌지를 따질 때 좀 더 너그러워지는 것이라고 생각합니다.** 지금 당장 필요치 않은 것이고 다소 터무니없게 들릴지라도, 유용성을 따질 때는 적어도 두세 가지쯤 예외 기준을 둬야 하지 않을까요? 만약 제가 어떤 아이디어가 유용한지 결정해야 하는 전문가라면 나 자신만의 기준에서 벗어나 어느 정도 유연성을 갖고 예외 기준을 적용할 것입니다. "나는 아닌 것 같지만, 당신에게 내 생각이 잘못되었다는 걸 입증할 기회를 주겠소"라는 식으로요.

하지만 그 아이디어가 수용 기준을 넘어서는 것이라면 얘기가 달라지겠죠. 예를 들어, 누군가가 자기 뇌 속에서 어떤 목소리가 들린다고 얘기한다면 그건 발생할 수 있는 범주의 일이죠. 하지만 누군가가 자기 뇌 속에 도청 장치가 있다고 말한다면 그는 정신질환을 앓고 있다고 말할 수 있을 거예요. 이처럼 소속된 세계에서 합리적으로 수용될 수 있는 수준을 넘어서는 아이디어도 분명 있는 거죠. 그런데 어떤 아이디어가 실질적으로 유용한지를 따지는 건 어쩔 수 없이 그 기준이 모호할 수 있습니다.

아이디어를 현실화하는 구체적 지침

바이스　　우리는 유용성에 대한 완전히 새로운 개념의 사례들을 주변에서 찾아볼 수 있습니다. 이미 잘 알려진 이야기지만 소니 워크맨이나 3M의 포스트잇이 그 예라 할 수 있죠. 아무도 그런 게 유용할 거라고 생각하지 않았지만 결국 큰 성공을 거두었죠. 페이스북도 그랬고요. 지금으로부터 15년 혹은 20년 전에 누군가 제게 페이스북이 성공을 거둘 거라고 말했다면 저는 말도 안 된다고 얘기했을 겁니다. **새 아이디어의 유용성을 확인하는 방법 중 하나는 경험이 없는 사람들에게 물어보는 거예요.** 여기서 경험이 없는 사람이라는 건, 정말로 아무것도 모르는 사람이 아니라 그 아이디어와 관련한 분야의 경험이 없는 사람입니다.

진정한 의미의 실사용자를 찾아나서는 것도 좋은 방법입니다.

제 친구가 한 식품회사에서 화학 관련 수석 연구원으로 일하고 있을 때의 일입니다. 어느 날, 그 회사가 동물사료 시장에 진출하기로 결정했어요. 그래서 그들은 고양이 스무 마리에게 여러 종류의 사료를 먹이고 그 반응을 관찰했습니다. 고양이 사료 맛을 판단해줄 전문가로 고양이를 택한 것이죠. 실사용자의 의견을 구하면 자신의 아이디어가 유용한지 아닌지를 알 수 있어요. 물론 그 고양이 사료 사업은 성공했습니다.

김대식　　전문가를 정의하는 데 있어 정말 중요한 사항을 말씀하신 것 같아요. 고양이 사료에 대해서는 고양이가 타고난 전문가이지 않겠습니까? 만약 교수님의 친구가 고양이 행동을 연구하는 사람을 찾아갔다면 결과는 전혀 달라졌을 겁니다.

바이스　　그렇습니다. 인간 전문가들이 고양이의 입맛을 고양이보다 정확히 알 수는 없었겠죠. 당시 문제 중 하나는 어떻게 재료를 배합해야 건강에 좋으면서도 고양이들의 기호에 맞출 수 있을까 하는 점이었어요. 유익한 것과 기호에 맞는 것은 다른 문제니까요. 그들은 가장 알맞은 지점을 찾은 겁니다.

김대식　　비슷한 이야기가 또 있습니다. 페이스북의 성공은 분명 아무도 예상하지 못한 대단한 일이었습니다. 그런데 페이스북이 나오기 전에 이미 친구들을 연결하는 소셜네트워크 아이디어가 실현된 적이 있어요. 한국의 작은 회사가 시작했던 일입니다. '사이버(cyber)'라는 뜻이기도 하고 한국어로 '(사람) 사이'라는 뜻이기도 한 '싸이월드'인데요. 당시 한국에서 많은 사람이 가입하고 이용하며 큰 성공을 거뒀어요. 사람들은 싸이월드에서 자신의 일거수일투족을 드러내고 친구들과 공유하며 온라인상에서도 활발하게 관계를 이어나갔죠.

당시 해외 언론에 이에 대한 기사가 실렸던 게 기억나요. 한국에서 싸이월드가 크게 유행하고 있지만, 서구에선 성공할 수 없는 방식이라는 내용이었죠. 그 기사에 등장한 사회학자는 동양인들은 친구들과 함께하고 집단적으로 행동하려는 욕구를 가지고 있는 반면, 서양인들은 훨씬 더 개인적이며 타인과 연결되는 걸 선호하지 않는다고 말했죠. 하지만 만약 그가 아들이나 딸, 또는 주변 청소년들에게 직접 질문을 던져봤다면 다른 답을 얻을 수 있었을 겁니다. 그 전문가는 서양의 개인주의, 동양의 집단주의 같은 이론적 벽에 깊이 가로막혀 있었던 거예요. 그런데 아시다시피 페이스북은 개발되자마자 미친 듯이 퍼져 나갔잖아요. 아이디어의 유용성을 이론 등에 근거해서 판단하기보다는 오히려 서비스의 주 타깃에게 물어봐야 한다는 것을 알려주는 사례입니다.

바이스　네. 그 사회학자가 바로 누군가의 아이디어가 불가능한 이유를 조목조목 짚어내는 전문가였던 셈이네요.

김대식　맞습니다. 그런 전문가 중 한 사람이었죠. 그렇다고 해서 전문가를 완전히 무시할 수는 없습니다. 중요한 건 적절한 전문가들을 만나는 것이죠.

바이스　네. 고양이들과 같은 실제 고객들을 포함해서요.

김대식　역시 결국 그 제품을 실제로 사용할 고객들이야말로 가장 적절한 전문가들인 것 같습니다. 이제 창조력의 구성 요소에 대한 이야기를 마무리해야겠습니다. 교수님이 제시하신 요소들을 정리해보면 문제를 발견하는 것, 여러 가지 다른 관점에서 바라보고 그 접점을 찾는 것, 더불어 가짜 전문가들 때문에 아이디어를 단념하지 말 것, 이렇게 짚을 수 있겠네요. 혹시 이외에 또 다른 요소가 있을까요?

바이스　하나 더 추가하자면 자기비판(self-criticism)을 꼽을 수 있어요. **시간을 낭비하지 않기 위해서뿐만 아니라 사안과 전혀 무관한 아이디어가 튀어나오는 걸 막기 위해서라도 자기비판은 필요합니다.** 아이디어 하나를 제대로 키우는 것만으로도 충분히 바쁘니까요.

김대식   네. 우리의 대화가 창조력에 갈증을 느끼는 사람들에게 도움이 될 거라 생각합니다.

3장

창조력을 가로막는 적들

창조력을 제대로 발현하려면 여러 분야를 아우르는 종합적인 지식과 함께 문제를 파악하는 능력과 목표를 향한 열정, 성취동기가 필요하다. 그러나 이 씨앗들이 제대로 열매를 맺으려면 그에 부합하는 환경과 조건이 갖춰져야 한다. 창조력이 발현될 조직 문화를 갖추는 한편, 부정적인 영향을 미칠 만한 요소를 제거하거나 바로잡는 것이다. 실패하면 안 된다는 강박, 열정에 대한 냉소적인 태도 등은 개인이나 조직 모두에서 창조력을 가로막는 방해요소로 작용한다.

이런 환경이 갖추어져 있다 하더라도 조직의 규모가 커질 경우, 회사의 성장이 오히려 창조적 업무 환경을 저해하는 요소로 작용할 수 있다. 따라서 조직이 성장 궤도에 오른다면 창조력을 해치는 기업 문화나 관리 단계가 형성되지 않도록 하기 위해 고민해야만 한다. 또 완벽하지는 않더라도 최소한 창조적인 사람들의 지위는 보장되어야만 한다. 실패에 대한 강박이나 위계질서에 대한 부담 없이 자유롭게 아이디어를 나눌 수 있는 환경이 유지될 때, 비로소 창의적인 공동 작업이 가능하다. 다양한 수준에서 창조력을 지속적으로 유지하려는 방안이 필요한 이유다.

무엇이 창조력을 키우는가

김대식   앞서 우리는 창조력의 정의와 몇 가지 구성 요소에 대해 논의했습니다. 이번 장에서는 창조력이 발현되기 위한 주요 조건, 특히 창조력의 방해 요소들에 대해 이야기해보겠습니다. 교수님께서는 창조력의 가장 중요하면서도 실용적인 조건이 무엇이라고 생각하십니까?

바이스   조건 중에는 필수적으로 요구되는 것도 있고 선택적으로 받아들여야 할 것도 있습니다. 필수 조건은 다시 개인적 차원과 조직적 차원으로 나눠 생각해볼 수 있고요. 개인에게 있어 창조력의 필수 조건은 광범위한 지식과 흥미를 가져야 한다는 것입니다. 앞에서도 말했지만 대부분의 혁신은 여러 학제 간 접점에서 나타나니까요. 그런 점에서 창조적인 사람은 보다 종합적인 교육을 받았을 가능성이 높아요. 다시 강조하자면 **창**

조력의 첫째 조건은 광범위한 지식입니다. 이외에 열정과 성취 동기 또한 있어야 합니다. 열정과 성취동기는 아이디어의 '부모'라고 정의할 수 있습니다.

김대식　네, 그러면 창조력을 가로막는 것은 무엇이라고 생각하십니까? 저는 가장 먼저 실패에 대한 두려움을 꼽고 싶습니다. 실패하면 안 된다는 강박 때문에 대부분의 사람이 일종의 심리적 불안감을 갖고 있어요. 실패에 대한 존재론적 불안감이라고 이야기할 수도 있겠고요.

바이스　맞습니다. 바꿔 말하면 **창조력의 또 다른 조건은 실패라는 결과를 두려워하지 않는 것입니다.** 이는 개인적 차원과 조직적 차원 모두에 해당되는 것이고요.

김대식　여기서 잠깐 짚고 넘어가도 될까요? 적어도 개인적 차원에서의 실패에 대한 두려움은 인간이 가진 매우 근본적인 문제가 아닐까 싶습니다. 인간의 두뇌가 조직되고 발달하는 방식을 살펴보면 그렇습니다. 실패에 대한 두려움은 인간의 두뇌가 갖고 있는 가장 기본적인 알고리즘 중의 하나라고 생각해요. 그런데 교수님이 말씀하시는 건 우리가 조직적 차원뿐만 아니라 개인적 차원에서도 이 두려움을 극복해야 한다는 얘기 겠죠. 제게는 우리가 갖고 있는 이 원초적인 두려움을 극복한 다는 것이 상당히 어렵게 느껴집니다.

바이스　　**두려움을 극복하는 것은 훈련으로 가능하다고 생각해 요.** 예를 들어 뜨거운 것을 만지면 누구나 곧바로 손을 떼죠. 하 지만 반복해서 훈련한 사람들은 손을 떼는 속도를 더디게 할 수 있지 않던가요. 또 생명의 위협을 무릅쓰고 산에 오르는 사람도 있고, 비행기에서 뛰어내리는 군인들도 있잖아요. 그처럼 훈련 을 통해 필요한 상황에서 죽음에 대한 두려움까지도 극복할 수 있다면, 실패에 대한 두려움을 극복하는 것도 가능하겠지요.

김대식　　맞습니다. 인간은 모두 근본적으로 고소공포증을 갖 고 있지만 낙하산 부대원이 되면 훈련을 통해 비행기에서 뛰 어내릴 수 있게 됩니다. 하지만 누구나 낙하산 부대원이 될 수 는 없잖아요. 어떻게 하면 실패에 대한 두려움을 극복할 수 있 을까요?

바이스　　실패에 대한 두려움을 없애는 훈련은 어릴 때부터 시작되어야 합니다. 타고난 성향 외에 교육을 통한 경험이 적절하게 조화를 이루며 쌓여야 하죠. **실패를 두려워하는 성향은 어린 시절 가정과 학교에서의 경험에서 비롯된 경우가 많습니다.** 엄격한 가정교육의 일환으로 아이가 실수를 저질렀을 때 혼을 내거나 벌을 주잖아요. 이런 상황이 반복되면 실패에 대한 두려움이 내재되어 이를 극복하는 게 거의 불가능해질 수도 있어요. 반면 실수에 관대한 태도는 아이에게 자신감과 '실패해도 괜찮다'는 마음가짐을 심어줍니다. 물론 이 말이 아이가 멋대로 굴어도 내버려두라는 뜻은 아닙니다. 모든 영역에서 그렇듯 한계는 분명히 있어야 해요. 아이도 그렇고 어른도 그렇고 반사회적인 행동은 바로잡아줘야 합니다.

다음으로, 뜨거운 열정이 있어야 합니다. 누군가 열정을 가졌다면 이를 격려해줘야 하고요. 1960년대 미국 히피들에게서 비롯된 '쿨'한 스타일은 사실 창조력의 적입니다. 쿨한 접근 방식에서는 대세에 따르거나 분란을 일으키지 않는 걸 최선으로 여기니까요. 뭐 하나에 목숨 거는 일은 쿨하지 않다고 생각하죠. 히피 세대만큼은 아니지만, 요즘 젊은이들 사이에도 그 같은 쿨한 태도가 여전히 존재합니다. 그리고 보면 남들에게서 '괴짜' 소릴 들어도 좋아하는 일에만 매달리던 사람들이 인터넷 사업으로 백만장자가 된 건 참 다행이에요. 괴짜에 대한 편견이 사라지는 중이니까요.

조직의 창조력이 유지되려면

김대식   쿨한 태도가 창조력의 적이라는 말씀이 흥미롭네요. 개인적 차원의 조건을 짚어보았으니 조직적 차원의 조건도 짚어볼 차례입니다. 우리가 일을 할 때 팀을 꾸리는 경우가 많지 않습니까? 그러다 보면 혼자서는 창조적인 사람이 팀에서는 창조성을 발휘하지 못하는 경우가 생깁니다. 규모가 큰 회사일수록 팀워크와 의사소통이 주요 과제인데요. 공동 작업 속에서의 창조력에 관한 조건이나 노하우가 있을까요?

바이스   팀에서 함께 일하는 능력은 조직 수준에서의 조건과 겹쳐 있는 부분이에요. 우선 팀에 공동 작업을 가능케 하는 환경이 조성되어 있어야 합니다. 그리고 우수한 사람이 팀을 이끌어야 하겠죠. 중요한 것은 조직 또한 실패의 가능성을 받아들이고 새로운 시도를 반복해야 한다는 겁니다. 또한 개인이 창조적 능력을 발휘할 때처럼 조직 역시 광범위한 교육과 전문적인 식견이 필요하고요. 본질적으로는 개인에게 필요한 모든 창조력의 조건이 조직에도 요구된다고 볼 수 있습니다.
제 생각에 조직은 최소한 두 개 이상의 범주로 분리해서 생각해야 합니다. 부서와 위계 구조를 지닌 큰 조직과, 그렇지 않은 스타트업 조직으로요. 그 사이에 우리가 흔히 SMEs(Small to Medium sized Enterprises)라고 부르는 중규모 조직이 있겠죠. 여기서 문제는 조직이 하나의 범주에서 다른 범주로 넘어갈 때의 기준이 무엇이냐에 관한 것일 텐데요. 여러 이론에 따르면 **회사가 10~12명 정도를 고용하는 규모가 될 때부터 그 회사의 창립자는 더 이상 모든 걸 관리해서는 안 된다고 말합니다.** 그 때를 스타트업에서 소규모 기업으로 넘어가는 단계로 볼 수 있습니다.

김대식　10명이라는 숫자에 어떤 과학적 근거가 있나요? 단지 복잡성의 증가 때문인지 다른 어떤 이유가 있기 때문인지 궁금합니다. 조직이 10명 이상 고용할 만큼 성장하면, 창조력을 발휘하고 혁신을 일으키는 것도 기존보다 어려워지기 시작하는 건가요?

바이스　조직의 구성원이 10명 정도면 회계나 인사 등 비창조적인 행정 업무를 하는 자리를 따로 마련해야 합니다. 아직 이러한 업무를 외부에 위탁하는 건 이르지만 창조와 혁신을 추구하는 자리와 분리하기 시작해야 한다고 봅니다.
창조적인 사람들이 모여 만든 조직이더라도 관리자를 둬야 하는 시점이 찾아오고, 이 단계가 그 조직이 변화하기 시작하는 시점입니다. 애석하게도 훌륭한 창조자이면서 동시에 훌륭한 관리자인 사람은 드물어요. 설령 관리까지 잘하더라도 병행하다 보면 창조적인 일에 쏟을 시간과 공력이 줄어들게 돼버리죠.

김대식   물론 우리는 관리자와 조직 기능의 필요성을 이해합니다. 누군가는 회계를 해야 하고, 누군가는 인력을 관리해야 할 테죠. 소수의 창조적 인재들로 시작해도 회사가 성공하고 커지면 관리자들을 필요로 하게 됩니다. 그런데 그로 인해 조직의 성격은 변하기 시작하죠. 그러면 이 단계에서 창조적인 힘을 계속 유지하기 위해 실질적으로 해야 하는 일은 무엇일까요?

바이스   다시 설명하자면 바로 그 단계가 창조적인 힘을 계속해서 유지할 수 있을지를 결정하는 중요한 시점입니다. 한 가지 확실한 것은 창조적인 사람들이 관리를 할 수는 있겠지만, 거기에 시간과 관심을 쏟다 보면 창조력을 발휘할 여력이 줄어들게 된다는 점입니다.
하지만 그렇다고 다른 관리자가 창조적인 사람들을 배제하고 단독으로 의사 결정을 진행해선 안 되겠죠. 물론 관리자 위치에 있는 사람이 결정을 내리는 건 당연합니다. 그것이 그들이 존재하는 이유니까요. 또 인간의 속성상 그들은 자신들에게 적어도 창조적인 사람들만큼의 영향력은 있어야 한다고 생각할 거예요. 이 모든 것을 고려할 때 성장한 조직에서 계속 **창조적인 환경을 유지하려면 관리자들보다 높은 지위의 사람이 필요합니다.** 개인 회사라면 소유주가 창조적인 사람들이 배제되거나 관리자보다 낮은 지위에 있지 않게끔 확실히 조치해둘 수 있겠죠. 회사 규모가 커지고 어떤 단계에 이르렀을 때, 많은 회사에서 발견되는 문제가 있습니다. 직원들이 60~80명 정도 되는 경우를 이야기해보죠. 그 정도 규모의 회사라면 관리 책임자나 최고운영 책임자가 창조적인 부류의 사람은 아닐 겁니다. 그런 위치에는 대개 회계나 경영, 법률에 능통한 사람이 자리하게 마련이죠. 그 자리에 있는 사람 스스로 자신의 중요한 역할 중 하나가 창조력을 저해하는 요소들을 없애는 것이라는 걸 자각해야 합니다.

김대식　저는 이 주제가 매우 흥미롭게 느껴지네요. 왜냐하면 방금 말씀하신 내용이 큰 회사가 갖는 기본 속성과 구조를 다루고 있기 때문이에요. 큰 회사의 전통적인 모형은 피라미드형 내지는 수직·위계형인 경우가 대부분이지 않습니까? 의사 결정의 위계 구조에서는 승진하면 돈을 더 벌게 되고 권한을 더 많이 갖게 되겠죠. 물론 모든 관리자가 창의적이지 않다고 말할 수는 없습니다. 또 관리자들은 당연히 위험 요소가 많은 혁신보다 이미 가진 것을 보존하고 지키는 역할을 해야 합니다. 여기서 교수님의 지적은 보통 관리자들이 창조자들보다 더 높이 그리고 더 빨리 승진한다, 조직이 성장하면 창조적이지 않은 사람들이 높은 지위로 가는 게 통상적인 과정이다, 그로써 회사의 창조력은 부정적인 영향을 받게 된다는 것이잖아요. 맞나요?

바이스　　네. 그런 일이 일어나지 않도록 관심을 기울이지 않는 한 그런 방향으로 진행됩니다.

창조력을 보호하기 위한 구체적 장치

김대식　　그렇다면 그런 일이 일어나지 않도록 하기 위해서는 최고 관리자 수준에서 창조력을 보호하기 위한 강력한 이사진이나 창업자가 있어야 하겠군요? 회사의 창조력 수준을 유지하기 위해서요.

바이스　완벽하지는 않더라고 **최소한 창조적인 사람들의 지위는 보장되어야겠죠.** 그게 기본일 겁니다. 제가 자문을 맡았던 한 회사가 있습니다. 10만 명이 넘는 직원을 가진 큰 규모의 다국적 기업이었죠. 이 회사에는 약 1만 5,000명으로 구성된 연구 개발 부서가 있었습니다. 그런데 어느 단계에 이르자 회사의 창조력이 떨어지고 있다는 걸 깨닫게 됐죠. 그래서 창조력을 지속할 수 있는 해법을 강구했습니다. 본사와 떨어진 다른 나라에 연구 개발 프로젝트 그룹을 만들고, 이 그룹의 인원은 40명으로 제한했어요. 별도로 4~5명으로 구성된 게릴라 형태의 창조력 연구 그룹도 만들었죠.

김대식　창조력을 해치는 관리 단계를 건너뛰도록 조치한 셈이군요.

바이스　조직이 커지면 창조력을 위한 조건들이 사라질 수 있다는 걸 깨닫고 조치를 취한 사례입니다. 그래서 미군도 방위고등연구계획국(DARPA, Defense Advanced Research Projects Agency. 미국 국방부 산하 연구기관으로 따로 연구실을 두지 않고 대학이나 기업, 연구소 등의 연구를 후원하고 있다. 프로젝트 매니저와 연구 개발자 사이의 원활한 의사소통을 중시하며, 상업적 목적을 갖고 있지 않기 때문에 실험적인 도전을 다양하게 시도하고 있다-옮긴이)을 설립했죠. 아시다시피 인터넷, 마우스, GPS, 드론, 무인자동차, 스텔스 전투기에 이르기까지 첨단 기술 상당수가 DARPA의 연구 성과에서 나왔습니다. 이 기관이 효과적으로 돌아가자 창조력이 필요한 각 분야에서 이를 벤치마킹했고요. 한 예로 미국 에너지 분야에서는 에너지고등연구계획국(ARPA-E)이 설립되었습니다. 기본적으로 이 모델은 조직의 주요 관심사에서 벗어나 있는 연구자와 사업가에 관심을 갖고 자금을 지원하는 것입니다. 다양한 수준에서 창조력을 지속적으로 유지하려는 방안이죠.

김대식   전통적인 위계 구조 혹은 피라미드 구조가 덜 생산적이고, 심지어 창조력 면에서는 반생산적일 수도 있다는 얘기인데요. 그런 만큼 낮은 지위에 있는 창조적 인재가 가장 높은 지위에 있는 의사 결정자와 소통의 제한 없이 접촉하려면 뫼비우스의 띠나 클라인 병(Klein bottle, 뫼비우스의 띠를 닮아 만든 2차원 곡면으로 안팎이 구별 없이 연결된다-옮긴이)처럼 선후관계를 따지지 않는 긴밀한 연결고리가 있어야 할 것 같습니다.

바이스   네, 그렇습니다. 예전에 본 만화가 떠오르네요. 큰 회사의 관리 책임자가 한 손님과 함께 걸어가는 모습을 그린 장면입니다. 두 사람이 한 사무실을 지나다 어떤 남자가 발을 책상 위에 올려놓고 눈을 반쯤 감고 있는 모습을 보곤, 손님이 도대체 저 사람은 무엇을 하는 거냐고 물었죠. 그러자 관리 책임자가 이렇게 답했습니다. "지금은 잘 모르겠습니다. 하지만 몇 달에 한 번씩 수백만 달러짜리 아이디어를 내놓기 때문에 그냥 앉아서 창문 밖이나 쳐다보도록 내버려두고 있어요"라고요.

김대식　　흥미롭네요. 창조력과 공동 작업에 관한 얘기를 더 해볼까요. 저 역시 공동으로 작업을 하는 경우가 꽤 많습니다. 그런데 공동 작업이 실제로는 창조력을 억누르게 되더군요. 공동 작업을 시작하면 어쨌든 목소리가 가장 큰 사람의 의견에 치우치는 문제가 생깁니다. 그런데 가장 큰 목소리가 반드시 가장 창조적인 건 아니거든요. 그건 대개 권력 구조와 관련되어 있죠. 또한 결국엔 모든 사람의 의견이 공통분모를 이루는 지점에서 합의되기도 하잖아요. 그런 경우에도 이 합의점이 가장 창조적인 해결책이 아닐 때가 많죠. 그래서 저는 교수님이 창조력의 한 요소로 공동 작업을 제시하신 사실에 좀 놀랐습니다.

바이스　　공동 작업을 하다 보면, 공통분모라는 선에서 마무리되는 경우가 많다는 교수님의 지적은 인정합니다. 브레인스토

How NOT to brainstorm

We're brainstorming here,
and there are no dumb ideas.
But if we weren't brainstorming,
that would have been
a really, really dumb idea.

Teams should be "horizontal"

"브레인스토밍은 이렇게 하면 안 된다."
"팀은 '수평적'이어야 한다."

밍을 할 때, 그룹의 팀 리더가 팀원이 낸 아이디어의 잘못된 부분만을 지적하면서 어떤 것도 이야기할 수 없게 하는 분위기가 형성되어 있다면 특히 그렇겠죠. 제가 강의에서 브레인스토밍을 어떻게 해야 하는가를 이야기할 때 사용하는 슬라이드에 그런 분위기가 잘 묘사되어 있어요. 결국 공동 작업은 팀 분위기에 달려 있지 않을까 싶네요. **창조적인 팀은 조직 내에서 같은 위치에 있는 사람들이 모였을 때 꾸려질 수 있을 것 같아요.** 구성원들이 한방에 모여 실패에 대한 두려움이나 부정적인 비판 없이 자유롭게 브레인스토밍을 하면서 무모해 보이는 아이디어도 자유롭게 제시할 수 있어야겠죠. 상대방이 때로는 맹탕이지만, 때로는 아주 좋은 아이디어를 내놓는다는 걸 이미 알고 있는 사람들로 팀이 구성된다면, 비전 있는 아이디어들이 묻히지 않고 살아남을 가능성이 높으니까요.

이런 팀은 한 사람이 계속해서 팀을 이끌 필요가 없습니다. 토론을 시작할 때마다 누가 이끌지 주제에 맞게 임의로 선택할 수 있겠죠. 누군가는 기록을 맡고요. 물론 브레인스토밍에서는 누구나 무엇이든 자유롭게 말해도 부정적인 비판을 받지 않는다는 것이 전제돼야 합니다. 이런 장치를 해둬야 공동 작업이 잘 돌아가고 좋은 팀을 이룰 수 있으니까요.

제 경험상 이런 팀의 이상적인 인원수는 3~5명 정도입니다. 그보다 더 많아지면 의사 결정이 복잡해질 수 있으니까요. 생산적인 의사소통을 하기 위해선 두 가지 조건이 있어요. **첫째 각자의 능력을 아는 것, 둘째 상대방이 어리석지 않다는 걸 아는 것.** 누군가 아이디어를 던지면 그게 좋은 것이든 어리석은 것이든 간에 나머지 사람들이 귀담아 들을 때, 팀을 꾸린 것이 유익한 일이 됩니다. 흔히 똑똑한 사람들은 자신의 아이디어가 뛰어나다고 확신해요. 한편으로 스스로를 속이는 거죠. 그렇기에 서로를 이해하는 사람들의 생산적인 비판은 유익합니다. 정치와 범죄 분야에서 흔히 쓰이는 격언이 있습니다. '태양이 진실을 밝히는 최상의 방법이다.' 이를 우리 경우에 적용하면, 비판에 대한 열린 자세가 오해를 없앨 수 있는 것이죠.

김대식　창조력을 필요로 하는 우리에게 가장 치명적인 아킬
레스건이 바로 자만심일 수 있죠. 우리 모두는 스스로 이 세상에
서 가장 이성적이고 가장 합리적인 사람이라고 생각하니까요.

바이스　그렇습니다. 그래서 개인도 조직도 늘 자신을 돌아봐
야 합니다. 한 예로 논문을 쓴 뒤 다음 날 읽어보면 여러 가지
를 수정하게 됩니다. 혼자 읽어도 무엇을 수정해야 하는지 알
수가 있어요. 이런 방식을 팀에도 적용해서 팀원들이 생산적인
자문 역할을 맡아야 합니다. 제대로 된 팀을 꾸리려면 동일한
지위의 사람들로 구성되어야 하고요. 덧붙여 팀원들이 서로 이
질적이어야 한다는 점도 언급하고 싶네요.

작은 원형 테이블에 숨겨진 힘

김대식　공동 작업의 중요성에 대해 말씀하신 부분에 전적으
로 동의합니다. 신경과학자로서 인간이 자신의 의견에 대해 가
지고 있는 직관적인 편향성에 대해 잘 알고 있기 때문인데요.

그럼에도 불구하고 팀의 장점이 제대로 작동하려면, 팀 내부의 권력 구조, 인원, 상호 인정 등이 핵심적인 문제가 되겠네요.

이 부분에서 말씀 드릴 게 있습니다. 이스라엘은 제가 부러워하는 사회 분위기를 가지고 있어요. 늘 제 연구와 관련된 사람들만 만나서 다소 편향되어 있을지 모르지만, 매우 정직하고 성실한 분이 많더라고요. 또한 **친구나 가족 같은 소규모 그룹은 물론 군대에서까지 창조적이고 건설적인 토론을 벌인다는 사실이 부럽더군요.**

한국 사회에서는 회사는 말할 것도 없고 군대 같은 조직 안에서도 이런 창조적인 문화를 갖고 싶다는 열망이 언제나 있습니다. 하지만 회사 구성원 사이에도 이미 권력 구조가 자리 잡고 있지요. 상급 관리자, 중간 관리자, 그리고 하급 직원 등으로 나뉘어요. 그들도 몇 시간 동안 회의실에 모여서 함께 사안을 의논하지만, 그저 형식적인 자리일 뿐입니다. 대개 상급자가 대부분의 발언을 하고 다른 사람들은 받아 적기만 합니다. 정말 심각한 문제죠.

대학에서도 마찬가지입니다. 저는 제 연구실에서 회의나 그룹 토론을 할 때마다 학생들이 많은 이야기를 하게끔 유도하려고 무척 애를 쓰거든요. 하지만 결코 그렇게 되지 않아요. 이유는 잘 모르겠습니다. 제가 그들에게 겁을 주는 것 같지는 않은데 말이죠. 학생들에게 너희들의 아이디어가 필요하다고 진심으로 얘기하지만, 대개의 경우는 아무런 얘기도 들을 수 없기 때문에 항상 제가 일방적으로 이야기하다가 끝납니다. 그럴 때마다 '내가 고리타분하고 꽉 막힌 대기업 관리자처럼 행동한 거 아닐까?'라는 생각이 들더군요.

바이스　　안타까운 일이군요. 한국 문화에 대해서는 잘 모르지만, 문화가 달라서 그런 게 아닐까 싶네요. 한 가지 궁금한 것이 있습니다. 한국 교실의 책상은 여전히 앞을 향해 줄 지어 배치되어 있나요?

김대식　　제가 학교 다닐 때는 그랬습니다. 분단별로 나란히, 모두 칠판을 향해 배치되어 있었죠. 최근 들어 방문했던 몇몇 교실에서는 제가 독일 초등학교에 들어갔을 때 보았던 반원형 책상 배치를 시도하고 있더군요. 그 배치는 제가 독일 학교에서 경험한 가장 충격적인 것 중 하나였어요. 이스라엘 교실은 구조가 어떤가요?

바이스　　초등학교 교실에는 기본적으로 작은 원형 탁자가 몇 개 놓여 있어요.

원탁 수업 전경.

김대식 작은 원형 탁자요? 재밌네요. 완전히 섬 같겠어요.

바이스 한 교실에 아이들이 30명 있으면 5~6명씩 한 탁자에 둘러앉는 식입니다. 아이들이 문제를 풀거나 책을 볼 때 교사는 그들 사이를 오가며 가르치지요. 이런 환경은 적어도 아이들이 윗사람에게 묻고 말하는 것에 불편함을 느끼지 않게 해줍니다. 윗사람의 사고방식이나 지시에서 벗어나게 하는 방법으로, **이렇게 교실을 배치하는 것도 고려해볼 수 있을 거예요.** 저는 한국을 잘 모르지만 비슷한 문화를 지닌 중국에서 어린 시절을 보냈는데, 윗사람을 존중하는 문화에도 장점은 많다고 생각해요. 하지만 그것이 창조력이 발현되는 데는 문제가 될 수 있습니다.

김대식　　　그런 문제가 아시아 문화의 탓이라고 몰아가는 건 선입견이겠지만, 그 영향이 완전히 없다고 할 수는 없을 것 같습니다. 아시아 문화권에서 자라는 아이들은 부모나 윗사람에게 순종해야 한다는 규범을 일찍부터 배웁니다. 그런 행동이 올바르다고 어릴 때부터 생각하게 되기 때문에, 어른이 된 뒤 회사에 들어가서도 부모님과 선생님께 순종하라던 그 규범이 마찬가지로 적용됩니다.

순종하는 것이 행동을 올바르게 하는 것이고, 행동을 올바르게 하는 것이 행복해지는 길이다, 이런 식으로 연결되는 거죠. 우리는 그런 행동 방식을 아이들에게 전달하고 있습니다. "그냥 입 다물고 들어. 윗사람한테는 순종해야 하는 거야." 이런 얘길 돌려 말하고 있는 건지도 몰라요. 그런데 이렇게 오랫동안 규범을 따라온 아이들에게 대학은 "자, 이제 너의 이야기를 해봐"라고 강요합니다. 자기 생각을 말하는 법을 제대로 배운 적 없는 학생들이 침묵하는 것은 어쩌면 당연하겠지요.

바이스　　　맞습니다. 그래서 **창의적인 소통 과정은 가능하면 어**

린 나이에 시작해야 할 필요가 있습니다. 한 예를 들어볼게요. 어린아이에게 선물을 주면 많은 경우 아이들은 상자 안의 선물이 아니라 상자를 갖고 놉니다. 상자는 여러 가지를 상상할 수 있게 해주잖아요. 30개월 된 제 손주에게도 선물박스로 포장된 자동차를 가져다주면, 잠깐 가지고 놀다가 어느새 상자를 가지고 놀기 시작하더라고요.

김대식　네, 흥미로운 사실이죠. 교육 면에서 주목해야 할 점이기도 하고요.

바이스　그렇습니다. 자동차처럼 구조가 짜여 있는 걸 갖고 놀 때는 할 수 있는 게 고작해야 운전밖에 없어요. 반면 상자로는 무엇이든 상상하며 놀 수 있죠. 그것이 곧 창조력의 원천이 되고요. 유치원 아이들에게 블록 같은 조립형 장난감을 던져주면서 상상력을 자극하는 것이 좋은 훈련 방법의 예가 될 수 있습니다.

김대식　신경과학자의 관점에서 봐도 분명히 그렇습니다. 인간의 성향 안에는 호기심과 창조성이 있어요. 그렇지 않으면 호모 사피엔스가 오늘날까지 존재했을 리 없습니다. 이미 수십만 년 전에 사자와 호랑이 같은 맹수들에게 잡아먹혔을 게 분명하죠.

덧붙여 설명하자면 아마도 어린아이들이 어른보다 더 창조적일 겁니다. 아이들은 보통 3~5세 무렵부터 그림을 그리고 색칠하는 걸 시작해요. 하지만 학교에 들어가는 순간부터 아이들의 타고난 창조력이 무너지기 시작하는 것 같습니다. 교육이 중요한 이유겠죠.

바이스　네. 이건 어른들에게도 해당됩니다. 어른들 역시 교육과 훈련으로 창조력을 키워줘야 해요. 한 예로 **선술집과 같은 비공식적인 자리를 만들어 사람들이 자유롭게 이야기할 수 있게 도와야 합니다.** 그래야 조직원 각자의 창조력을 북돋울 수 있어요. 회의실보다는 시끄러울 수 있지만, 상급자의 개인 사무실을 벗어난 어딘가에서 만나면 분위기가 바뀌곤 하죠. 회의할 때 저는 늘 이렇게 말합니다. "제가 여러분과 분리돼 책상 너머에 있으면, 누군가 아이디어를 제시할 때 '그건 이러이러해서 좋지 않다'고 말해야만 할 것 같으니, 모두 한 책상을 씁시다." 열린 토론 같은 경우라면 원탁에 둘러앉게 되겠죠. 이것은 창조성이 필요할 때, 위계질서에 갇히게 하지 않겠다는 메시지를 눈앞에 보여주는 한 방법입니다.

사실 저는 교육 면에서 한국과 이스라엘 사이에 큰 차이가 있다고는 생각하지 않습니다. 어느 나라든 한편에서는 좋은 대학에 가기 위해 시험을 잘 치르도록 훈련받고 있죠. 그렇게 훈련을 받은 학생들은 출제자의 기대에 맞는 답을 내놓고 최고 점수를 받지만, 무언가 잃는 게 있을 겁니다. 폭넓은 교육에 반(反)하는 시스템이라는 거죠.

앞으로 그런 부분에 대한 해결책이 마련되어야 할 거예요. 예를 들어 학생들에게 주제를 주고 그에 대해 생각하는 바를 에세이로 쓰게 하는 것처럼요. 교사나 시험 출제자가 공정성과 열린 마음을 갖춘다면 그런 시험 방식이 창조력을 북돋울 수 있습니다. 한국에서도 마찬가지입니다.

김대식　　제가 재미있는 얘기를 하나 하겠습니다. 한국에서는 대학 입학시험이 엄청나게 중요한 일이에요. 수십만의 학생이 해마다 정해진 날에 표준화된 시험을 치러야 합니다. 가장 강도 높은 보안이 유지되는 시험이죠. 문제를 출제하는 교수들은 접근이 금지된 장소에 집합해서 몇 주 동안 바깥세상과 차단된 삶을 살아요. 국가 기밀 같은 수준인 겁니다. 오랫동안 같은 방식으로 치러져 왔고요. 그런데 한때 창조력을 장려한다는 이유로 입시 전형에 논술(에세이)을 포함해야 한다는 요구에 대한 찬반토론이 있었습니다. 결국 대대적인 논술시험이 입시 과정에 도입되었죠. 그런데 무슨 일이 일어났는지 아세요?

아이들에게 논술시험 잘 보는 방법을 가르치는 학원이 생긴 거예요. 이들 학원에선 훌륭한 '논술 답안'을 제시하고 있습니다. 저도 그 답안을 몇 개 읽은 적이 있어요. 짜기라도 한 듯 똑같이 플라톤, 아리스토텔레스 등의 철학자들을 인용하더군요. 논술이라는 시험의 도입 취지는 좋았지만, 그 결과로 국영수 학원 외에 논술학원이라는 새로운 사업들이 생긴 거예요. 이처럼 온갖 좋은 아이디어를 실행하더라도 시스템이 그걸 망칠 수 있다는 것이 문제입니다. **시스템은 늘 인간을 비창조적으로 규격화할 수 있는 고리를 찾아내거든요.**

바이스　　크게 공감합니다. 저는 그런 걸 '군비 경쟁'이라고 부릅니다. 한쪽이 새로운 무기를 개발하면, 다른 한쪽에서는 그에 반격할 방법을 찾는 것이죠.

김대식　　그렇습니다. 창조력을 위한 노력을 둘러싸고 이런 군비 경쟁이 벌어지는 건 어떤 의미에선 흥미로운 일입니다. 한편에 창조적인 집단이 있으면 반대편의 비창조적인 집단이 온갖 틈새와 구멍을 찾아내는 거죠. 시험 이야기를 다시 해볼까요. 학생들의 지능과 지식을 평가하기 위해 정규 시험 이외에 새로운 유형의 시험을 실시하면, 얼마 후 그에 대응해서 사고하는 방법을 훈련시키는 학원이 우후죽순 생겨납니다. 흔한 '군비 경쟁'의 사례죠. 창조력을 죽이는 방법을 잘 아는 사람들에 대항하는 방법이 있을까요? 그들을 뛰어넘을 방법을 찾을 수 있으면 좋겠습니다.

바이스　　그렇게 쉬운 일은 아닐 거예요. 그편에도 똑똑하고 창조적인 사람들이 많거든요. 그들 역시 창조력을 발휘해서 다른 사람을 비창조적으로 만드는 학원과 같은 산업을 만들고 있는 것이죠. 창조력을 발휘해 비창조적인 일을 키운다는 것이 문제이긴 하지만요.

김대식　　맞습니다. 어떤 면에서는 그들 역시 창조적입니다. 그래서 창조력을 죽이는 방법도 알고 있는 것이겠죠.
제가 알기로 몇몇 기업에서는 이런 문제들을 인식하고 있는 듯합니다. 공동 작업의 중요성을 깨닫고 있고, 브레인스토밍의 필요성에 대해서도 자각하고 있지요. 그래서 온갖 종류의 연수원을 운영합니다. 그곳에서 직원들은 공동 작업을 훈련받고, 서로에게 의지하는 법을 배우게 됩니다. 어떤 연수원에는 중심을 잃고 비틀거리는 사람을 다른 사람들이 붙잡아주는 그림이 걸려 있더군요. 하지만 그런 방법이 효과가 있을지 의문입니다. 연수원에서 상급 관리자들은 팀워크를 구축하는 방법이나 자유롭게 소통하는 방법을 가르치죠. 그런데 "자, 이제 자유롭게 얘기해 봐"라고 한다고 해서 갑자기 그럴 수 있는 건 아니잖아요.

바이스   유명한 경영 관리 용어 중에 '파괴적 혁신(disruptive innovation)'이란 말이 있어요. 하버드대학교 경영대학원 교수인 클레이튼 크리스텐슨(Clayton Christensen)이 만든 용어인데, 그가 자신의 홈페이지에서 내린 정의는 이렇습니다. **"파괴적 혁신이란 시장 밑바닥의 니즈를 단순히 적용하여 자리 잡은 제품이나 서비스가, 이후 시장을 휘어잡아 결국 기존 경쟁 제품 또는 서비스를 대체하게 되는 과정을 가리킨다."** 이 말은 만약 누군가가 혁신적인 안을 제시해서 시장을 바꾸면, 기존의 많은 사람이 직장을 잃게 된다는 얘기입니다. 기득권을 가진 이들은 그런 혁신적인 안을 제시하는 사람을 막으려고 할 것입니다. 그들은 '군비 경쟁'이 어떻게 돌아가는지를 누구보다 잘 알고 있고 실제로 주도했던 부류들이죠. 그래서 그들에게 혁신적인 생각을 이해시키고 집행하게 만드는 것이 어려운 겁니다. 그들은 기존에 가진 위치와 권력을 놓치지 않으려고 할 테니까요.

위기를 극복하는 열쇠

김대식 지금부터는 스타트업 국가라고 불리는 이스라엘에 대해 이야기해보고 싶습니다. 많은 사람이 이스라엘에 대해 상대적으로 작은 나라고, 정치적이나 지리적인 면에서 좋지 않은 상황에 처해 있다는 인상을 갖고 있습니다. 동시에 스타트업 국가로서 성장해가고 있다는 것도 알고 있지요. 불리한 조건을 가진 이스라엘이 어떻게 스타트업 국가가 되었습니까?

바이스 아시다시피 이스라엘은 작은 나라이고, 그다지 부유하지 않으며, 정치적·군사적인 상황이 좋지 않은 편입니다. 그래서 더 나은 것들을 개발할 수 있는 기회가 군과 민간 영역 모두에서 창조적인 사람들에게 주어졌습니다. 그 기회를 살리는 게 매번 쉬운 일이었다고 말할 수는 없겠죠. 무언가를 바꾼다는 건 어려운 일이니까요.

예를 들어, 1970~1980년대에 자체적으로 국가 산업을 발전시키려는 사람들과 기존 시장의 완성품을 구매하는 것이 훨씬 더 효율적이라고 말하는 사람들 사이에 큰 논쟁이 있었습니다. 대표적인 예가 이스라엘의 초음속 전투기인 라비 전투기입니

112

다. 초음속 전투기 프로젝트는 오랜 개발 시간을 거쳐 거의 마무리 단계에 접어들었지만 결국 취소되고 말았습니다. 이 프로젝트는 초기 단계부터 비용이 지나치게 많이 들고 모험적이라는 논쟁이 있었죠. 게다가 미국 정부는 예산이 적게 드는 대안을 제시하면서 이스라엘이 F-16기의 경쟁 모델을 자체 개발하지 못하도록 수를 썼고요.

김대식　알고 있습니다. 당시 프로젝트를 이끌던 사람들은 재빨리 자리를 옮겨서 캐나다의 봄바디어(Bombardier)를 비롯한 해외의 민간 항공기 제조회사로 들어갔죠.

바이스　비슷한 사례는 또 있습니다. 1970년대 이스라엘은 해대해(sea-to-sea) 미사일을 개발하려고 했습니다. 하지만 결국 미국의 맥도널 더글러스사가 개발한 대함 미사일 하푼(Harpoon)을 구매하는 걸로 결론이 났습니다. 이후 그 분야와 관련된 개발은 중단되었고요. 이렇듯 필요는 창조력의 촉발 요소지만, 창조력의 적들이 있어 진입이 쉽지 않습니다. 큰 프로젝트일수록 진입 장벽이 높죠. 프로젝트를 수행하는 것이 낭비이자 모험이라고 이야기하는 사람들과 여러 다른 산업 분야의 활성화를 이끄는 견인차 역할을 할 수 있기 때문에 중요하다고 말하는 사람들 사이에는 큰 논쟁이 있을 수밖에 없습니다.

김대식　　그 같은 과정을 거치면서 이스라엘은 창조력의 적들과 싸우는 방법을 발견했나요?

바이스　　먼저 필요는 창조력의 열쇠이자 국가 산업의 중요한 요소라는 걸 거듭 확인했다는 점을 말씀 드립니다. 필요가 곧 창조력의 기반이라는 걸 다시 한 번 자각했죠.
또 다른 창조력의 기반은 유대 전통에서 찾을 수 있습니다. 아이들이 헤데르(Heder, 유대교 및 히브리어를 가르치는 전통적인 초등교육 체제-옮긴이)에서 어떻게 탈무드를 배우는지 아시나요? **헤데르에서는 4~5세 때부터 교육을 시작합니다. 그때부터 아이들은 탈무드에 담겨 있는 의미에 대한 찬반 논쟁을 벌이죠.** 이는 약 500년간 계속되어 왔습니다.
이 교실은 짝을 지어 서로 소리치면서 논쟁하는 아이들로 가득 차 있습니다. 이렇게 시끄러운 교실은 수백 년 넘게 내려온 전통이에요. **하나의 관점을 가지고 논쟁하지만, 때로는 서로의 입장을 교대하는 것도 훈련의 한 방법입니다.**

김대식　　정말 매력적이네요. 한국에서는 대개 아이들에게 논

유대의 전통 초등교육 체제인 헤데르 장면. 이스라엘에서는 오늘날까지 헤데르가 전일 제로 운영되고 있다.

쟁하는 걸 훈련시키지 않거든요. 왜곡된 유교의 영향이라고 할 수 있죠. 2,500년 전에 공자가 썼던 공경에 관한 경전을 기계적으로 받아들인 바람에 "네. 그 말씀이 맞습니다"라고 말할 수밖에 없는 환경이 조성된 거예요. 교수님 말씀은 한국 사회의 결점을 정확히 지적하고 있습니다. **한국에는 비판 없는 수용 방식이 깊게 자리하고 있어요.** 같은 문화권인 중국 문화도 비슷할 거라고 생각합니다. 그런데 교수님이 유대인 교육의 전통을 언급하면서 그 핵심으로 논쟁을 꼽으니 정말 매력적인 교육 환경으로 느껴지네요.

바이스　　**교실에서 논쟁할 때는 목소리가 커집니다.** 상대방에게 자신의 생각을 크게 말하면서 서로 다른 관점을 설명하는 것이죠. 덧붙이자면 서로에게 크게 읽어주는 것이 서로에게 설명하는 것을 의미한다고 할 수 있습니다. 사람들은 이것을 '성장 학습'이라고 하는데, 이건 단순히 '성장 학습'이 아닙니다. 그 자체로 생산적인 토론이죠.

김대식　이스라엘 아이들은 몇 살 때부터 이런 교육을 시작하나요?

바이스　전통적인 방식대로라면 3세부터 시작합니다. 그리고 5세부터 이런 유형의 학교를 다니지요. 20대 성인이 되기 전까지는 계속 토론할 수 있습니다. 심지어 군복무 기간에도요. 일반적으로 군대 문화라고 하면 엄격하고 철저한 복종 체계를 떠올리겠지만, 이스라엘 군대는 좀 다릅니다. 이스라엘 청년들은 군에 입대한 후 군조직의 부속품으로 기능하는 게 아니라 열린 토론을 통해 자기만의 역할을 수행합니다. 이 문화가 자연스러운 시민 문화로 이어지고요. 다른 나라에서는 이런 열린 토론을 불편해할지도 모르지만, 이스라엘 사람들은 문제를 해결하는 데 토론만큼 효과적인 방법이 없다고 생각합니다.

김대식　말문이 트이는 순간부터 논쟁하는 법을 배우고 그것이 하나의 문화를 이룬다는 이야기인데, 이 점은 시사하는 바가 크네요.

앞서 언급한 라비 전투기 예로 돌아가보면, 한국 역시 비슷한 상황에 놓여 있습니다. 특히 군사 분야에서 문제가 생기는데요. 우리가 그것을 구입해야 하는가 아니면 개발해야 하는가로 생기는 갈등이 그것이죠. 결과적으로 구입하는 쪽의 결정이 반복되었고요.

문제는 군수 산업뿐 아니라 반도체 산업 등 모든 분야에서 그렇다는 것입니다. 한국의 산업은 제조 분야에서는 우수하지만, 기초 과학기술 분야의 발전은 뒤처져 있었어요. 군사기술 분야를 예로 들면, 우리에게 무기를 수출한 회사들은 완성품을 판매했지 결코 그 토대가 되는 과학기술을 가르쳐주지는 않았죠. 특히 전투기 같은 고도로 발달된 군수 산업이나 항공우주 산업의 경우는 더욱 그랬고요.

한때 저는 우주 산업이 한국에게 주어질 가장 큰 기회라고 생각했습니다. 가장 높은 레벨의 과학기술이 필요한 게 우주 산업이잖아요. 그러나 한국의 우주 산업 기술 수준은 지난 30년 동안 제자리걸음을 했습니다. 우주 산업 기술을 수입하려는 시도는 늘 실패했어요. 러시아에서 우주 산업 기술을 사오려고 했고, 최근 들어서는 인도에서 사오려는 것 같아요. 하지만 어떤 나라도 이런 기술을 판매하려고 하지 않았고, 한국은 그제야 1부 리

그에 속하려면 독자 기술을 개발해야 한다는 점을 깨달았어요. 그런데 이스라엘은 그 사실을 굉장히 일찍 깨달았군요. 이스라엘이라는 나라의 DNA에 그런 자각이 새겨져 있나요?

바이스　그건 아닙니다. 좀 설명이 필요한데, 저는 종종 이스라엘 과학기술의 가장 위대한 아버지 중 한 사람은 전 프랑스 대통령인 샤를 드골이라고 말해왔습니다.

김대식　어떤 면에서 그렇죠?

바이스　앞에서 언급했듯 1967년 제3차 중동전쟁 전까지 이스라엘의 기본적인 입장은 군사 무기를 수입하자는 쪽이었어요. 비행기, 탱크 등 거의 모든 무기를 처음에는 영국에서, 그 다음엔 프랑스로부터 수입했습니다. 그런데 드골이 제3차 중동전쟁 이후 무기를 비롯해 다른 과학기술 제품을 이스라엘에 수출하지 못하도록 하는 금지령을 내렸어요. **이렇게 되면서 이스라엘 정부는 국방과 산업 분야에 필수적인 것들은 수입에 전적으로 의존해서는 안 된다는 걸 자각하게 되었죠.** 그때부터 군사 부문과 항공우주 산업, 커뮤니케이션 산업 등이 활성화되기 시작했습니다.

그러므로 1967년은 이스라엘에게 중요한 전환점이 된 해죠. 당시 이스라엘 인구는 약 250만 명이었어요. 그중 많은 이가 나치 수용소에서 살아남은 생존자들이었고요. 제2차 세계대전에 짓밟힌 사람들이었지요. 상실과 고통을 겪은 사람들에게 창조력은 기대할 수 있는 부분이 아니었습니다. 그런 상황에서 1967년에 전환점이 생긴 건 이스라엘에겐 일종의 행운이었지요. 현재는 점점 더 많은 사람이 그때가 이스라엘 역사에서 중요한 결정의 순간이었다는 점을 받아들이고 있는 것 같습니다. 한국에도 1967년 이전의 이스라엘과 비슷한 상황이 있겠군요. 미국에서 많은 지원을 받으니까요.

김대식　　맞습니다. 다만 프랑스와는 달리 미국은 한국과 동맹 관계를 맺은 이후 본질적인 수출 금지령을 내린 적이 없어요. 그들의 입장은 항상 '안 돼, 우리는 진정한 선진 기술은 판매하지 않을 거야', '그래도 2부 리그에서 쓰이는 2세대 기술 같은 건 계속 줘서 너희들을 안심시켜줄게' 사이 어디쯤에 있는 것 같습니다. 그래서 한국은 응석받이 어린아이가 된 거죠. **미국이 씌워준 우산 아래에 있기 때문에 기술적으로나 군사적으로 독립하지 못한 겁니다.** 당장은 그게 편안한 상태로 느껴지는 것도 분명한 사실이죠.

전환점에 관한 이야기로 다시 돌아갈까요? 이스라엘의 혁신과 창조력에 결정적 역할을 했던 1967년은 스타트업 국가의 시작이기도 했겠군요.

바이스　또 다른 분기점이 된 해가 있습니다. 1990~1991년 무렵이에요. 당시 러시아에서 100만 명의 유대계 이주민들이 넘어왔습니다. 인구가 약 500만 명인 나라에서 100만 명은 큰 계단 함수(Step function, 계단 모양처럼 급작스러운 증가 또는 감소를 나타내는 함수-옮긴이)잖아요. 러시아 이주민 대다수는 매우 지적이고 잘 훈련되어 있었지만, 소비에트라는 매우 엄격한 위계 체계 아래에서 창조력을 제대로 발휘하지 못한 사람들이었죠. 그들 중 상당수는 공학자와 엔지니어였고 이스라엘에 넘어와서 많은 아이디어를 내놓았어요. 이스라엘이 새로운 기술의 기반을 닦는 데 그들의 기여가 컸죠.

그런데 그들이 처음 왔을 땐 컴퓨터 테크놀로지 같은 분야에서 세대 간 격차에 잘 적응하지 못했고, 열린 토론 환경도 부담스러워했어요. 한 예로 당시 이주했던 한 이발사 이야기가 있습니다. 그가 어떤 사람의 조언을 받아들여 이발소를 개업했는데, 그 조언자가 몇 주 뒤에 찾아오니 손님이 한 명도 없었대요. 그래서 이발사에게 어떤 식으로 광고를 했냐고 물었더니,

그 이발사는 광고를 해야 하는 거냐고 되물으면서, 러시아에서는 그냥 이웃의 모든 사람이 손님이었다고 했다더군요.

김대식　이스라엘 친구가 자신의 대학 시절 경험을 얘기해준 적이 있습니다. 1993년 아니면 94년에 대학에 갔으니 아마 그 이후였을 거예요. 그는 공대생이었는데, 수학 과제 때문에 끙끙대고 있었대요. 그때 학교에서 청소 노동자로 일하던 러시아 출신 이민자가 문제 푸는 걸 도와줬다고 하더군요. 그 이민자는 소비에트 연방에선 실력 있는 수학자였을지도 모르죠. 이스라엘에는 소비에트 연방에서 건너온 과학적, 기술적 재능이 정말로 뛰어난 사람들이 많지 않았습니까. 소비에트 연방은 과학과 군사 기술 분야의 대국이었으니까요. 하지만 그곳의 많은 유대인은 유대인이라는 이유로 엄청난 차별을 받았죠. 이를테면 자녀들을 최고 수준의 대학에 보내지 못하게 했고요. 그러다가 이스라엘로 이주할 수 있는 기회를 갖게 된 거죠.

바이스　맞습니다. 그들의 이주는 이스라엘의 발전에 있어서 또 다른 결정적 순간으로 작용했습니다. 그런데 그들의 정착 과정에서 한 가지 짚고 넘어갈 부분이 있습니다. 이주민들은 똑똑한 사람들이었지만 아날로그 기술에 머물러 있었어요. 그들에겐 적응이라는 문제가 생겼죠. 제가 한 연구소 소장을 맡아 기술적인 창조력 향상을 위해 애쓰고 있었을 때, 특별히 러시아에서 건너온 컴퓨터 과학자들을 위한 교육 과정을 개설했었어요. 다른 분야, 예를 들면 의사나 치과의사를 위해서도 비슷한 과정을 만들었고요. 그들에게 최신 기술과 정보를 주기 위한 과정이었고, 기간은 6개월에서 1년 정도였지요. 그들은 똑똑하고 지적인 사람들이었지만 기술이나 정보가 과거에 머물러 있었기 때문에 그들의 잠재력을 개발하는 방식의 교육을 많이 추가했던 기억이 납니다.

만약 미국이 갑자기 한국을 지원하지 않기로 결정하는 일이 생긴다면, 어떤 일이 벌어질지 모르겠군요. 이스라엘처럼 성장의 결정적 순간이 될 수도, 반대로 매우 심각한 위기가 될 수도 있겠죠.

김대식   이번 대담에서 몇몇 중요한 통찰이 있었기 때문에 저도 많이 배웠습니다. 이제 이 장을 마무리해야 할 것 같습니다. 이스라엘에서는 아이가 말문이 트이는 3~5세 때부터 논쟁하는 법을 배운다는 게 부럽습니다. 창조력을 키우기 위해서는 서로 다른 관점을 이해하고 수용하는 능력이 중요하니까요. 입버릇처럼 '교육 백년지대계'를 말하는 한국의 관계자들이 주의

깊게 관심을 가지면 좋겠네요.

이스라엘이 스타트업 국가로 변신하게 된 전환점 역시 기억해야겠죠. 1967년 발발한 제3차 중동전쟁 이후 프랑스에서 이스라엘에 대한 무기 및 기술 수출 금지령을 내리면서 자력 개발의 중요성을 자각하게 된 순간, 즉 위기를 기회로 만든 그 결정적 순간에 관한 이야기였죠.

저는 매년 1월 1일이 되면 운동을 조금 더 하자고 다짐하곤 합니다. 하지만 운동을 안 한다고 당장 직접적인 문제가 생기는 건 아니기 때문에 결국은 작심삼일이 되곤 하죠. 한국도 이론적으로는 독자적인 군사기술을 개발해야 한다는 것을 알고 있습니다. 하지만 현실은 멀리 있죠. 필요성을 아주 절실하게 깨닫지 못했기 때문일 겁니다. 한국 사회가 이런 중요한 지점을 인식했으면 하는 바람입니다.

4장

질문이 사라진 사회

창조력도 훈련을 통해 습득이 가능할까? 가장 좋은 방법 중 하나는 생산적인 논쟁을 통해 다른 방식으로 생각하고 이를 발전시키는 습관을 들이는 것이다. 이스라엘에서는 3~4세부터 고급 논쟁을 위한 훈련을 시작하며, 이러한 논쟁 훈련은 군복무 기간까지 이어진다. 각기 다른 견해를 펼치는 과정에서 유연한 사고를 하게 되고 여러 가지 아이디어를 도출하는 방법을 자연스럽게 깨치는 것이다. 이를 볼 때, 시험 성적에만 급급하는 한국의 교육이 아이들의 성장에 어떤 영향을 미치는지 진지하게 고민해볼 필요가 있다.

당연한 것을 당연하게 받아들이지 않고 '왜?'라는 질문을 스스로 던져보는 것. 이는 아이뿐 아니라 어른에게도 중요한 지침이다. 모든 창조력은 작은 질문에서 시작하기 때문이다. 따라서 열린 토론이 이루어지지 않는 사회 조직은 결코 창조적으로 성장할 수 없다. 많은 기업이 사일로 효과(Silos Effect), 즉 조직 간의 장벽과 부서 이기주의로 골치를 썩고 있다.

어렵더라도, 지휘 고하를 떠나 자유롭게 의사를 전달할 수 있는 문화를 조성해야 한다. 열린 토론을 통해 논쟁에 노출될수록 유연한 사고를 하게 되고, 이는 곧 창조적 발상으로 이어진다.

각기 다른 견해를 펼치는 이스라엘 아이들

김대식　이제까지 우리는 창조력에 대한 몇몇 일반적 주제와 원리에 대해 이야기했습니다. 지금부터는 창조력의 실용적 측면에 대해 이야기하겠습니다. 이 장에서 다루려는 주제가 창조력 훈련법에 관한 것인데, 교수님은 창조력이 실제로 훈련될 수 있다고 보십니까?

바이스　글쎄요. '훈련'이 정확한 표현인지는 모르겠어요. 어쨌든 사람들에게 창조력이 어떤 것이고 또 어떻게 발휘될 수 있는가를 이해시키면서, 스스로 창조력을 발휘할 수 있도록 동기를 부여한다는 뜻이겠죠.
앞에서 유대인들은 전통적으로 아주 어릴 때부터 논쟁을 벌이는 법을 배운다고 말씀 드린 바 있는데요. 논쟁을 벌인다는 걸 다른 말로 하면 여러 가지 다른 논점에 대해 토의하는 것이잖아요. 즉, **다른 방식으로 생각하거나 다른 사람들의 생각을 배우기 위해 듣고 토의하는 노력이 필요한 거죠.** 정말로 생산적인 논쟁을 벌이려면 스스로 창조적이어야 합니다. 바꿔 말하면, 논쟁을 벌이면서 남다른 관점과 차별화된 아이디어를 찾는 과정에서 창조력 또한 성장한다는 의미죠. '3명의 이스라엘 사람이 만나면 4개의 다른 의견을 듣게 된다'는 말도 있습니다. 사람은 누구나 독립적으로 생각하려고 한다는 얘기일 테죠.

비슷한 이유로 이스라엘에는 다수의 정당이 있습니다. 이건 아주 어린 나이 때부터 다양한 논쟁을 벌이도록 훈련받은 결과였던 것 같아요. 이스라엘 의회를 크네세트(Knesset)라고 부릅니다. 의석을 한 석이라도 차지하려면 정당 득표율이 3퍼센트 이상은 되어야 하죠. 의회에 너무 많은 정당이 들어오는 걸 막기 위해서 만든 기준입니다. 예전에는 120개 의석 중에 한 석을 차지하는 소수 정당이 무척이나 많았습니다.

김대식   아주 어릴 때부터라고 하셨는데, 그건 초등학교 때를 의미하나요?

바이스   초등학교보다 훨씬 더 일찍 시작합니다. 이에 관해 유대교 초정통파는 더욱 엄격하죠. 초정통파가 여러 이유로 현대적인 생활 방식에 관여하지 않는 것은 아쉽지만, 그들의 훈련 방식엔 놀라운 부분이 있습니다. 유대교 초정통파에서는 **아이들이 3~4세가 되면 이른바 필풀(Pilpul)이라는 기술로 일찌감치 훈련을 시작합니다.** 필풀은 탈무드의 여러 논점을 명확히 해석하기 위해 사용되는 고급 논쟁 형식을 말합니다.

필풀 논쟁들은 매우 까다롭고 복잡하기 때문에, 아이들은 그만큼 고급 논쟁을 위한 훈련을 일찍 시작하게 됩니다. 그런데 유감스럽게도 이는 남자아이들에게만 해당하는 전통이에요. 여자아이들은 남자아이들보다 나중에 시작하고, 결국 이런 교육을 덜 받게 됩니다. 하지만 비정통파 유대교에선 남자와 여자아이 구분 없이 교육을 실시하죠.

김대식   그렇군요. 예전에 이스라엘 가정을 방문했을 때, 어린아이들이 부모와 논쟁을 벌이도록 장려한다는 인상을 받은 적이 있습니다. 반면 한국뿐만 아니라 중국 등 극동 지역에선 꽤 오랫동안 아이가 부모와 논쟁할 수 없었습니다. 부모에게 말대답하는 것이 나쁜 행동으로 간주되었으니까요.

바이스   이스라엘에서도 부모 자식 간 논쟁이 아주 격렬한 건 아닙니다. 그저 자신의 견해를 변호하는 법을 배우는 정도죠. 누군가와 싸우기 위한 것이 아닙니다. 논쟁에서 자신의 생각을 제시하고 토론을 벌이다 보면, 그 생각을 견고히 가다듬는 게 가능해지죠.

김대식　　전형적인 이스라엘 가정에서 어떤 식으로 논쟁을 벌이는지 실제 사례를 얘기해주실 수 있을까요?

바이스　　다시 말씀 드리지만 아이와 부모가 대립하는 건 아닙니다. 그저 논쟁의 기술을 배우는 것입니다. 교수님도 아시다시피 유대인의 역사는 기본적으로 이집트에서 탈출하면서 시작되었죠. 성경에서는 탈출 이전에 하느님이 이집트인들에게 어둠으로부터 질병 등에 이르기까지 10가지 재앙을 내렸다고 말합니다. 유대 최대 명절인 유월절 만찬에서 어린아이들을 포함해 모든 사람이 읽는 기도 책에 필풀의 한 예가 있어요. 어떤 랍비는 "기본적인 재앙만 10가지였지 실제로는 40가지 재앙이 내려졌다"고 해석했어요. 그 근거로 재앙이 각기 4가지의 다른 방식으로 기술되었다는 걸 제시하죠. 그때 또 다른 사람이 "아닙니다. 40가지가 아니라 50가지입니다"라고 말합니다. 그도 재앙이 50가지라고 생각하는 이유를 대고 이를 입증하려 하죠. 결국 이 토론은 성경을 인용하고 성경에 대한 해석을 추가하면서 실제로는 250가지의 재앙이 있었다는 주장으로 끝을 맺습니다. 이런 식으로 아이디어나 의견을 발전시켜나가는 거예요. 서로 다른 관점과 해석을 갖고 논쟁을 벌이면서요. 유월절 만찬에서 집안의 가장 어린아이는 우리가 이집트로부터의 탈출을 기념해야 하는 이유에 대한 질문을 받게 됩니다. 이스라엘 아이들은 아주 어릴 때부터 이런 식으로 차근차근 논쟁을 훈련받는 거예요. 또한 실생활에서는 아이가 무언가를 갖고 싶어 하는 욕구와 관련해 논쟁이 있을 수 있죠. **장난감이 갖고 싶은 아이는 가족 모두에게 그게 필요한 이유를 설명해야 합니다.**

아이가 왜냐고 묻자 세상이 멈춰 섰다

김대식　이스라엘 아이들은 아주 어릴 때부터 뭐든 당연시하지 않는 법을 배우는 거군요?

바이스　네, 그렇습니다. 그건 이론의 여지가 없는 얘기죠. **논쟁에 노출시킬수록 아이들은 창조적으로 성장한다고 말할 수 있습니다.** 그리고 이는 결국 우리가 앞서 논했던 창조력을 만드는 공동 작업과 일맥상통하는 이야기예요. 공동 작업을 통해 어린아이들은 서로 다른 관점을 받아들이면서 창조력을 기를 수 있겠죠. 또한 논쟁에서 설득력이 강하지 않으면 그 의견은 받아들여지지 않는다는 걸 일찍부터 깨치게 되는 거죠.

김대식　　멋진 이야기입니다. 좋은 아이디어가 떠올랐습니다. 이런 훈련을 위해 유명 동화 몇 작품을 논쟁의 소재로 개작하는 것입니다.

바이스　　재밌겠네요.

김대식　　틀에 박힌 작품들은 이야기 구조가 직선적이잖아요. 이러이러한 일이 있었다, 그게 다입니다. 거기에는 어떤 질문도 없습니다. 모든 동화가 다 그런 건 아니지만, 일부 동화는 기본적으로 아이들로 하여금 마땅한 이유 없이 모든 것을 당연히 수용하는 것에 익숙해지도록 훈련시킵니다. 한 예로 이솝 우화 「토끼와 거북이」를 보면, 거북이가 그렇게 행동하거나 토끼가 그렇게 행동한 이유 등에 대한 설명이 없지요.
하지만 유대 전통에서라면, 모든 것이 당연하게 받아들여지지 않도록 선택의 여지를 열어두고 그 이유에 대해 질문할 겁니다. 그런 식으로 동화를 개작할 수 있겠죠. 이렇게 하면 한국 아이들의 머리에 튼튼한 씨앗을 심어둘 수 있을 것 같다는 생각이 듭니다. 왜냐고 질문할 수 있는 능력 말입니다. 이는 창조력의 가장 필수적인 조건 중 하나니까요.

바이스　왜냐고 질문한 다음 스스로 그에 대한 설명을 찾아내는 훈련이죠. 그런 방식이 창조력의 실질적인 원천이 될 겁니다.

김대식　앞서 세상에는 많은 문제가 있다는 것을 알고 그에 대한 불만을 느껴야 그걸 해결할 방법을 찾아서 시도해보게 된다고 말씀하셨는데, 이 부분도 그런 관점에서 생각하면 마찬가지 얘기입니다. 왜 그렇게 되는 것인지에 대해 질문하지 않으면 '그런 거지, 뭐' 하는 식으로 모든 걸 수동적으로 받아들이게 되고, 결국 발전할 수 없는 것이죠.

바이스　이스라엘의 유명한 동요를 하나 인용해보겠습니다.

빨간 드레스를 입고 머리를 땋아 묶은 어린 소녀가
멈춰 서서 물었죠. "왜죠?"

폭풍과 화산은 모두

부끄럽게도 답을 찾지 못했어요.

사자와 호랑이도 모두

고개를 떨어뜨렸어요. 답을 찾지 못했거든요.

고개를 떨궜어요. 답을 찾지 못했거든요.

어린 소녀는 물었죠.

"왜죠?"

책도 저자도 모두

성경을 찾았지만 답을 찾지 못했어요.

제가 주목하는 부분은 많은 일이 일어났고 이를 겪은 여자아이가 잠시 멈춰 서서 "왜죠?" 하고 묻는 장면입니다. 이때 폭풍과 사자, 그리고 모든 것이 멈춰 서서 생각하기 시작합니다. 어린 여자아이가 왜냐고 물었기 때문이죠.

김대식　　멋지네요. 여기에서 착안해 동화 몇 편을 골라서 '왜'라는 문제의식과 결합할 수 있을 것 같네요. 그리고 그것을 창조력을 훈련하는 사례 혹은 아이들이 경험해야 할 사례로 활용할 수 있을 겁니다.

창조력을 키우는 교육 vs. 창조력을 가로막는 교육

김대식   **이스라엘 아이들은 모든 것을 당연시하지 않고 논쟁을 해봐야 한다는 인식 속에서 자랍니다.** 그러고는 학교에 들어갈 테죠. 학교에서도 계속 이런 훈련이 지속되는 건가요?

바이스   안타깝게도 꼭 그렇지는 않습니다. 국제 경시대회 같은 시험을 대비한 성과 내기 수업 때문이죠. 최근 들어 교육부에선 이스라엘의 학교가 다른 나라보다 수준이 월등하게 높다는 것을 보여주기 위해서, 각종 경시대회에서 성과를 내도록 학생들을 교육하고 있어요. 제 생각에는 그런 성과 위주의 시험들이 창조력을 억제하게 될 겁니다.

김대식   그렇군요. 이스라엘 학생들 역시 여러 사안에 대해 생각하는 방법이 아니라 시험을 잘 보는 데 필요한 것들을 배우게 되는군요. 한국 학생들은 그런 시험에서 늘 1등이나 2등을 했었죠. 그래서 단편적인 학습 방식의 속성에 대해서는 잘 알고 있습니다.

바이스   그런 공부는 창조력 향상과는 거리가 멀죠. 대부분이스라엘 학생들의 시험 점수는 다소 낮습니다. 저는 그것이 창조력 증진 면에서는 고무적인 현상이라고 봅니다.

김대식   맞는 말씀입니다. 측정 기준이 잘못 적용되고 있는 전형적인 사례입니다. 정작 측정해야 할 걸 측정하지 못하고 있는 거죠.

바이스   지금 학생들에게서 무엇을 측정하고 있는지는 잘 모르겠지만, 창조력이 아닌 것은 분명하죠. 기껏해야 배운 과목들에 대한 이해도 측정이라고 말할 수 있겠네요.

김대식   그렇습니다. 그런데 아시다시피 요즘에는 공무원이나 교육 행정가가 이런 시험에서 자국 학생들이 최상위권에 들어가는 걸 떠들썩하게 칭찬하고 있잖아요.

바이스   그게 문제입니다. 이런 시험들은 창조력을 요구하지 않잖아요. 여러 문화권에서 통용될 수 있는 보편적인 문제들을 제한된 시간 안에 풀어야 하죠. 그 문제들은 명확한 사실에 기반해야 하고요. 이는 곧 이런 유의 시험을 정말 잘 본다 하더라도, 창조력이 뛰어나다는 걸 의미하는 건 아니라는 얘기입니다.

물론 이런 시험들이 불필요하다는 건 아닙니다. 하지만 적어도 이렇게 중요하게 취급될 필요는 없다는 점을 지적하고 싶네요.

김대식　이스라엘의 일반적인 교육 체계에 대해 더 얘기해주실 수 있을까요? 유치원부터 12학년까지로 구성된 일반적인 체계인가요? 진로에 따라 차이가 있는 독일식 체계인가요? 아니면 우수한 사립학교와 보통의 공립학교가 공존하는 미국식 체계와 비슷한가요?

바이스　우선 3~18세는 무상 교육을 받습니다. 여기에는 유아원 연령인 3~4세와 유치원 연령인 5세가 포함됩니다. 대개 유아원은 유치원과 같은 장소에 있고요. 이후 초등학교 6년, 중학교 3년, 고등학교 3년 과정이 있지요. 대부분의 학교는 국가에서 운영하지만 사립학교도 일부 있습니다. 사립학교는 현대적인 고급 학교이거나 대안학교입니다.

김대식　이스라엘의 제 친구들 대부분은 아이들을 사립 대안학교에 보내더군요. 아마 유행인 것 같아요.

바이스　네. 실제로 그런 경우가 많죠. 부모들은 사립학교에 보내면 창조력을 키워주는 등 더 나은 교육을 받을 수 있다고 생각하겠지만, 저는 그런 학교에 보내는 게 실제로 창조력에는 별다른 영향을 미치지 못한다고 생각해요. 이스라엘에는 재능 있는 아이들을 위한 프로그램이 있습니다. 보통 3학년 때, 즉 대략 8세부터 시작해서 고등학교 때까지 운영되고 있습니다. 재능 있는 학생을 선발하기 위해 IQ 검사를 비롯해 여러 유형의 시험을 치릅니다. 일반 학교에 있는 학생들은 몇몇 과목에서 자신의 능력에 맞춰 세 등급으로 나눠 수업을 받게 돼요. 그런데 제가 발견한 한 가지 사실은 **개인이 평생 이룬 성취 면에서 보면 영재 프로그램을 통해 배운 학생과 그렇지 않은 학생들 간에 큰 차이가 없다는 것입니다.**

김대식 재밌는 사실이네요. 그런데 사회에서는 그런 특별 프로그램에 많은 투자를 하고 있잖아요.

창조력은 시험에 의해 창출되지 않는다

바이스 영재 프로그램에 한 가지 장점은 있습니다. 잠재력을 지닌 아이들이 더욱 발전할 수 있도록 해주니까요. 재능 있는 아이가 평균 수준의 학급에 앉아 있으면 지루해하기 마련이고, 때때로 주의력 결핍으로 이어지기도 합니다. 영재 프로그램에 선 이런 아이들을 놓치지 않지요.

하지만 저는 다른 차원에 주목합니다. 제겐 자녀가 셋 있는데, 그중에 영재 프로그램 출신은 없습니다. 한 명은 의용공학(biomedical engineering) 교수이고, 다른 두 명 역시 성공한 엔지니어들입니다. 그중 둘째는 직원 수가 300명이 넘는 다국적 회사를 경영하고 있습니다. 영국 주식시장에 상장된 회사죠. 자식 자랑이 아니라, 아이의 성취도는 출신 학교와 무관할 수 있다는 점을 말씀 드리는 겁니다.

일전에 매우 우수한 사립학교와 공립학교 출신 학생들의 성취도를 비교한 자료를 본 적이 있습니다. 자료의 기준은 이스라엘에서 18세 때 치르는 심리 측정 시험 점수였어요. 미국의 SAT와 비슷한데, 만점은 800점으로 2~3년 간격으로 한 번씩 만점자가 나오는 것으로 알고 있습니다. 700점 이상의 성적이면 매우 잘한 것(상위 3~4퍼센트)으로 간주됩니다.

저는 이 자료에서 사립학교가 아닌 일반 학교 출신으로 뛰어난 성과를 낸 학생들이 있다는 걸 발견했습니다. 유명 사립학교 출신보다 더 눈에 띄는 성과를 내고 있었죠. 일반 학교 출신으로 700점 정도를 받은 한 학생은 매우 성공한 엔지니어가 됐고, 비슷한 점수의 한 학생은 테크니온 대학 의학과 최연소 교수가 되었습니다. 800점 만점을 받은 한 학생은 하이테크 스타트업의 엔지니어가 됐더군요. 그에 반해 사립학교 출신으로 두각을 나타낸 학생들은 드물었습니다.

출신 학교와 성취도는 비례하지 않는다는 예는 또 찾을 수 있습니다. 앞서 이야기했듯이 이스라엘에서는 18세가 되면 의무적으로 군복무를 해야 합니다. 군대에는 우수한 고등학생 30명을 선발하는 프로그램이 있습니다. 이들은 공부를 계속하며 군복무를 수행하죠. 공부를 하는 게 군복무로 간주된다는 이야기입니다. 그런데 이스라엘 전체 고등학생 중 선발된 단 30명의 우수 학생들을 지켜봐도 모두 성공하는 건 아니라는 걸 알 수 있어요.

물론 이 프로그램 출신 중에는 이스라엘의 국방부 장관이나 경제부 수석 과학관 등 특출한 인재들이 있습니다. 하지만 이 특별 프로그램 출신임에도 현재 무슨 일을 하는지 알 수 없는 사람들도 있어요. 제가 하고 싶은 말은 시험을 통해 최고라고 뽑힌 학생 30명 사이에서도 성공의 차이가 있다는 것입니다. **결국 시험 성적이 좋다고 해서 무조건 사회적인 성공이 보장되는 건 아니라는 거죠.**

김대식   동의합니다. 교육열이 남다른 부모들은 이런 얘기를 들어도 무시하고 싶겠지만요. 어떤 특별한 프로그램이 양적인 기준을 토대로 학생을 선별하지만 사회적 성취도와는 별개라는 말씀이시죠.

바이스   창조력은 시험에 의해 창출되는 것이 아니기 때문이죠. 특별 프로그램이 기회를 줄 수는 있지만 무한정의 기회를 보장하는 것은 아닙니다.

김대식   하지만 우리 둘 다 이러한 프로그램이 창조적인 아이들을 지키고, 그 창조력을 확장하며, 그들이 지닌 재능을 제대로 충족하기 위해서 필요하다는 데 동의하고 있지 않나요?

바이스   학생 선별에 관한 문제에 대해서도 얘기하고 싶은 게 있어요. 선발되지 않은 학생이 배제될 수 있다는 게 문제입니다. 이를테면 대기만성형이라는 말이 있잖아요. 이런 프로그램은 대기만성형의 아이들을 놓칠 가능성이 있습니다. 예컨대 영국에서는 11세에 '일레븐-플러스(Eleven-plus)'라고 불리는 시험을 치릅니다. 그 시험으로 인문계 고등학교로 진학할지, 실업계 고등학교로 진학할지를 결정하게 되죠. 그런데 그 제도로 인해 아이들이 자신에게 적합한 방향으로 나아가지 못하게 될 수도 있어요. 무엇보다 어떤 방향이 자신에게 적합한지 모를 나이니까요.

그래서 최고를 골라내는 것도 좋지만, 선발되지 못한 사람이나 이런 프로그램에 참여하지 않기로 결정한 사람을 위한 기회 역시 계속해서 주어져야 합니다.

김대식 그럼에도 저는 이스라엘 군대에서 선발한 30명의 학생들이 어떤 특별한 교육을 받는지 궁금해지네요.

바이스 학생들은 스스로 기초 과목을 선택할 수 있습니다. 수학이나 물리학 같은 과목이죠. 하지만 생물학의 어떤 분야든 선택할 수도 있고, 신경과학 수업을 몇 과목 듣기도 합니다. 또 3~4년 정도 되는 교육 기간 동안 언제든지 자신들이 원하는 과정과 관련된 융합 수업을 들을 수 있어요. 이 프로그램은 학생들이 융합 학문이나 철학 등 관심 분야를 연구할 수 있도록 거의 완벽한 기회를 제공하고 있어요.

김대식 그렇다면 그 기간 동안 학생들은 완전히 군복무를 면제받는 거네요.

바이스　사실상 그들은 특별한 훈련을 받는 것입니다.

김대식　교수님은 지금 이스라엘 군대의 차별점에 대한 이야기를 했다고 볼 수 있습니다. 30명의 영재 아이들을 선발하는 것으로 시작해서, 창조적 경제라는 측면에서 볼 때 이스라엘 군대의 역할은 무엇인가요?

바이스　이스라엘 군대는 창조력이 필요한 직책에 맞는 사람들을 다수 선발합니다. 여기엔 기술 업무나 정보 업무가 포함되고요. 아마 '8200 정보부대'에 대해 들어보셨을 텐데요. 이 부대원들은 매우 창조적인 분야에서 활동하며, 뛰어난 컴퓨터 관련 지식을 갖고 있습니다. 이들이 많은 이스라엘 스타트업의 근간을 이루고 있죠. 전역 후 관련 분야에서 큰 성공을 거두는 거예요. 그래서 군복무가 관련 분야의 성공에서 중요한 연결 역할을 한다고 볼 수 있습니다.
주목할 점은 이 부대의 문화가 상명하복이 아니라는 것입니다. 그곳의 부대원들은 상관이 잘못했을 때는 잘못했다고 말합니다. 실제 전장에서라면 이것이 일을 복잡하게 만들 수 있지만, 정보부대 같은 곳에서는 다른 생각을 말할 수 있는 자유가 큰 차이를 만들어내고 있는 거죠.

김대식　한국 군대에서 이런 일은 충격적인 일일 겁니다. 아마 전 세계 대부분의 군대에서도 마찬가지일 것 같은데요. 이스라엘 군대에 대해 좀 더 이야기해보죠. 저는 위키피디아에서 8200 정보부대에 대해 찾아봤습니다. 가장 큰 부대 중 하나라고 하던데 맞습니까? 그러니까 제 요지는 이것이 하나의 부대로 국한된다기보다는 창조력과 관련된 하나의 현상으로 보인다는 점입니다.

다시 창조력 훈련의 문제로 돌아가겠습니다. 사실 군대는 창조력을 요구하는 상황이 많습니다. 실제 전장이라면 교과서에는 나오지 않는 새로운 상황에 수시로 맞닥뜨리기 때문이죠. 그래서 창조력이 중요한 것입니다. '왜'라는 질문을 던지고 적절한 환경을 제공하는 것 이외에 창조력을 키우는 데 도움이 되는 것이 있을까요?

'사일로'를 없애려면

바이스　그다음 단계에 대해 이야기해보죠. 이스라엘의 회사는 대부분, 특히 규모가 작은 회사일수록 훨씬 더 수평적인 조직 구조를 가지고 있습니다. 사일로 효과(Silos Effect)라는 말을 아시죠? 원래 사일로는 곡식이나 사료를 저장해두는 굴뚝 모양의 창고를 말하죠. 사일로 효과란 조직 간 장벽과 부서 이기주의를 의미하는데, 여러 기업에서 흔히 발생하는 문제입니다. 부서 간에 소통하지 않고 협소한 방식으로 업무를 수행하는 걸 말하죠.

이 문제가 최근 들어 점점 심각해지고 있는데요. 이 사일로를 어떻게 무너뜨리느냐가 관건입니다.

많은 기업이 사일로 때문에 골치를 썩고 있지만 이스라엘의 회사에선 '사일로'가 그렇게 많이 세워지지 않습니다. 그 이유를 설명하는 말이 하나 있는데요. "이스라엘인 두 명이 만나면 서로 같은 학교에 다녔거나 같은 부대에서 근무했는지 여부를 단 15분 만에 알아낸다"는 말입니다. 이건 작은 나라의 이점이라 할 수 있습니다.

김대식　　한국 격언으로 치면, 한 다리만 건너면 다 아는 사람이라는 얘기인 거죠. 각 분야마다 소수의 사람이 있기 때문에 그만큼 서로에 대해 빨리 알 수 있고, 그로 인해 부서 이기주의의 단면인 '사일로'가 나타나기 어렵다는 의미군요.

바이스　　이스라엘에서 사일로가 세워지지 않는 또 다른 이유도 있습니다. 단적인 예로 한국 대학은 어떤지 모르겠지만, 이스라엘 대학에서는 학자들이 8년 이상 보직을 맡지 않습니다. 이 또한 사일로 효과를 저지하는 힘이 됩니다.

김대식   흥미롭네요.

바이스   저 역시 관리자일 때가 있었죠. 학과장과 학장을 맡았어요. 하지만 어느 단계에 이르면 평교수로 돌아가리라는 걸 항상 자각하고 있었고, 이것이 여러 가지 중요한 결정에 영향을 미쳤어요. 높고 힘 있는 지위에 있다 보면 다시 평범한 자리로 돌아가는 게 쉽지 않잖아요.
군대 시절 경험도 말씀 드려야겠군요. 전 공군이었는데 기지에서 근무할 때 그곳의 보수 관리에 문제가 있다는 걸 발견했어요. 한 병사에게 잘못이 있었죠. 그래서 관련 내용을 적어 상부에 보고했습니다. 3개월 뒤 본부로 자리를 옮겼는데 그곳에서 두 번째로 한 일이 바로 그 병사가 제기한 문제를 해결하는 것이었어요. 사회가 이렇듯 작다 보니 사일로가 큰 나라나 기업에서처럼 빠르게 세워지지는 않는 거죠.

김대식   흥미로운 이야기입니다. 여담입니다만, 교수님도 에

프라임 키숀(Ephraim Kishon, 이스라엘 현대 문학을 대표하는 작가. 헝가리에서 태어났다. 유대인이었던 키숀은 제2차 세계대전 중 나치의 강제 수용소에서 고통스러운 시간을 보내기도 했다-옮긴이)이라는 작가를 아실 겁니다. 제가 독일에서 자랄 때 그는 이미 대작가였는데, 그의 작품은 이를테면 정부 조직의 위계적 관료제 구조를 매우 역설적인 방식으로 다뤘죠. 그게 모두 허구에 불과했을까요?

바이스 아닙니다. 그가 쓴 이야기들이 관료제의 폐해를 줄이는 데 도움이 되었다고 확신해요. 한 가지 기억해야 할 것이 있어요. 이스라엘과 팔레스타인이 터키 오스만 제국의 한 지역에서 국가를 세우려고 할 때, 오스만 제국은 이스라엘이나 팔레스타인과는 정반대로 극심한 관료사회였어요. 제1차 세계대전 후 터키를 차지한 영국도 터기 국민을 통제하는 데는 관료제가 도움이 된다는 것을 알고 관료제를 적극 활용했습니다.
키숀이 이스라엘에 정착한 1949년 즈음에는 관료제에 길들여진 사람들이 무척 많았습니다. 그 폐해에서 벗어나는 데 상당한 시간이 필요했어요.

김대식 교수님은 관료제의 답답함 혹은 폐해를 지적하고 있는데요. 어느 나라든 정부와 함께 일하는 사람들은 대부분 정부가 위계 구조에 사로잡혀 있고 유연하지 못한 사고방식을 갖고 있다고 생각할 것 같습니다. 교수님 경험에 비춰볼 때, 이스라엘에서 정부 혹은 공무원들과 일하는 건 어떻습니까? 그들과 실질적인 토론이 가능하던가요?

바이스　　네. 물론 항상 그런 건 아니지만요.(웃음)

김대식　　적어도 이스라엘의 경우처럼 정부에서도 실질적인 토론이 가능하다는 점을 한국 독자들이 상기했으면 싶네요. 제가 알기론 한국 정부에서는 실질적인 토론이 거의 없거든요. 어떤 사안을 결정할 때 대부분의 경우 윗선의 의사가 아래로 전달되는 방식으로 이루어집니다. 대통령이 뭔가를 말하면 그게 어떤 사안이든 논쟁이나 토론을 벌이는 관료가 없습니다. 각 부처의 공무원도 마찬가지고요. 어떤 사안을 두고 생산적인 토론을 벌이는 모습은 기억 나지 않네요.

바이스　　혹시 상하 관계에 놓인 사람들끼리 그 지위가 바뀌는 제도적 장치는 없나요? 이스라엘에서는 동일한 지위에 놓이기도 하고, 때로 서로 지위가 바뀌는 상황이 꽤 많거든요. 이스라엘 정부의 고위층에서 일어난 상황을 한 예로 들게요. 베

냐민 네타냐후가 총리일 때 에후드 바라크가 국방부 장관을 맡았습니다. 네타냐후와 바라크는 젊은 시절 특수부대에서 근무했는데, 당시에는 바라크가 네타냐후의 지휘관이었어요. 그러니까 서로 논쟁과 토론이 안 될 이유가 없는 거죠. 다른 예도 있어요. 과학부 장관이 제게 수석 과학관 직을 맡아달라고 요청한 적이 있습니다. 당시 장관이 저를 다른 사람들에게 자신의 상관이라는 식으로 소개하더군요. 과거 그가 테크니온 대학 수학과 학과장일 때 제가 학장을 맡은 적이 있기 때문입니다.

김대식　　이스라엘이라는 작은 사회에서 나타나는 현상이라고 할 수 있겠네요. 그런 현상은 공직에서 일하는 사람들이 지휘 고하를 떠나 토론을 벌일 수 있도록 하는 데 도움이 될 테고요.

바이스　　그렇습니다. 그런 특징이 어떤 사안에 대해 자신의 호불호와 그 근거에 대해 편하게 말할 수 있도록 해주죠. 관료제의 엄격한 위계에서 벗어날 수 있게 해주고요. 이미 말씀 드린 대로 이스라엘인들은 15분 만에 서로 연결된 여러 고리를 파악할 수 있습니다. 어떤 사안에 대해 중간 관리자와 하급자의 생각이 다를 경우, 상급자와도 인연이 있으니 자유롭게 찾아갈 수 있는 거죠. 이런 경우 인맥으로 영향력을 행사하는 것 아니냐는 식의 문제 제기를 할 수도 있겠지만, 의사 결정과 관련해서는 필요한 과정으로 볼 수 있을 거예요.

김대식 　그렇지만 이스라엘 상황을 한국에 적용할 수는 없을 것 같아요. 이스라엘은 작은 사회이기 때문에 사람들의 생활과 직업이 서로 연결된 상황에서 그 연결고리를 바탕으로 토론 문화가 생겼다는 얘기인데요. 하지만 한국의 문제는 평소 위계적인 생활뿐 아니라 엄격하게 위계적인 체계가 존재하고 있거든요. 예를 들어 한국에서는 군 시절 자신의 지휘관이던 사람을 사회에 나와 하급자로 임명하는 경우는 좀처럼 없습니다. 나이나 선후배 등이 모든 관계에서 철저히 적용되기 때문이에요. 특히 정부에서 일하면 더욱 그렇습니다. 승진도 나이에 따라 이뤄지는데, 때때로 누군가 다른 사람을 앞지르게 되는 경우가 있죠. 예컨대 누군가가 상급자 두 사람을 제치고 승진했다고 해보죠. 이렇게 되면 상급자였던 사람들은 즉시 사표를 냅니다. 결국 위계 관계가 철저한 분위기에서 활발한 토론은 일어나지 않는 거죠.

바이스 　이스라엘에서도 그런 일은 있습니다. 하지만 그런 견고한 구조를 뚫고 나갈 수 있는 다른 방향이 있다는 걸 얘기하고 싶네요.

김대식   다른 나라에서는 어떤 방식으로 토론이 이뤄지는지 그 차이를 보여주는 게 매우 중요하다고 생각해요. 우리가 창조력에 대해 이야기하지만, 독자들에게 창조력이 저절로 발휘되게 하는 마법을 알려주지는 못하기 때문입니다. 그 비결을 안다면 우리가 회사를 차려서 부자가 될 테죠.(웃음) 그 대신 계속해서 개인적인 통찰과 관찰, 그를 뒷받침하는 많은 상황 증거를 제시하려고 합니다.

바이스   창조력 훈련법에 관한 이야기가 여러 방향으로 흘렀네요. 이 장을 마무리하면서 창조력을 방해하는 다른 문제 하나를 잠깐 언급할까 합니다. 다름이 아니라 창조력과 관련된 법적 소송이 지나치게 많다는 점입니다. 새로운 아이디어가 나올 때마다 그 사업과 관련해 누군가 잘못을 저지르거나 심지어 횡령을 하는 등 어떤 도덕적 문제들이 발생되죠. 이때 시장의 자발적인 방지 대책이 아니라 정부 차원의 규제가 앞서게 되면 창조력은 자동적으로 더뎌집니다. 새로운 아이디어를 제안할 때 '법원에서 뭐라고 할 것 같아?'라는 질문으로 시작한다면 끔찍한 일이잖아요.

김대식   새로운 아이디어를 원하면서, 먼저 변호사를 찾아야 하고, 홍보 담당자나 로비스트의 역할이 중요한 사회가 되는 건 안타까운 일이죠. 뒤에서는 우리의 토론과 제안에 대한 반증뿐 아니라 창조력에서 실패가 중요한 지점에 대해 논의하겠습니다.

5장

실패와 회복탄력성

우리는 아무도 실패를 계획하지 않는다. 가장 우수한 스타트업은 오히려 사업에 경험이 없는 사람들이 시작하는 경우가 종종 있다. 그들이 여러 분야의 접점에 있는 아이디어를 어느 특정 분야에 적용하면, 이것이 곧 독창적인 아이디어로 거듭나는 것이다.

뉴욕의 한 초등학교 교사는 '자신의 학생들에게 전하고 싶은 가장 중요한 교훈 중 하나는 바로 실패로부터 배우는 법'이라고 말한 바 있다. 그녀는 무엇보다 실패로부터 올바른 교훈을 얻는 것이 얼마나 중요한가에 대해 설명하고자 했다.

우리 모두는 인생의 어떤 시점에서는 실패하게 된다. 실패를 통해 꼭 현명해져야 하는 건 아니다. 실패하면 누구나 화가 나며 실패에 관한 한 누구도 완벽하게 훈련될 수 없다. 인생에서 늘 성공만 거두면서 살 수는 없다는 걸 배우는 것만으로도 충분하다. 이를 배우면 설혹 실패하더라도 세상이 끝났다며 좌절하지 않고 회복할 수 있다. 또한 그 회복 능력을 바탕으로 앞으로의 삶을 보다 의미 있게 살 수 있을 것이다. 실패로부터 회복하고 또다시 시도하는 것은 창조력의 필수 조건 중 하나다. 회복탄력성이야말로 창조력과 분명 깊이 연관되어 있다.

첫 번째 실패와 세 번의 기회

바이스   이번 장의 주제는 '창조력에서 실패가 왜 중요한가' 입니다. 우리는 이미 앞에서 실패에 대한 두려움을 없애는 이 야기를 잠깐 다룬 적이 있지요.

김대식   그렇습니다.

바이스   실패라는 문제에 대해서는 특히 집중해야 할 것 같 아요. **한국에서는 처음 실패한 이후 포기하지 않는 것의 중요성 을 제대로 인지하지 못하는 것이 문제**라고 들었거든요.

김대식   맞습니다. 한국에서는 실패로 인해 체면을 잃는 것에 대한 두려움이 지나치게 큽니다. 교수님이 2015년 9월 서울에 서 창조력을 주제로 강연했을 때, 이스라엘에서 실패를 어떻게 다루는지에 대해 설명하신 부분이 정말 흥미로웠습니다. 제 기억이 정확하다면, 사람들이 스타트업을 처음 시도하면 90퍼센트가 실패하게 되는데, 그때 그들에게 두 번째 기회를 주어서 성공 확률을 높여야 한다고 말씀하셨습니다. 그다음 세 번째 기회를 주면 그들 중 다수가 성공하게 된다고 하셨죠. 이 부분을 좀 더 자세하게 설명해주셨으면 합니다. 창조력과 관련해서 가장 중요한 메시지가 될 것 같습니다.

바이스　미리 말씀 드리면, 어느 누구도 실패를 계획하지는 않는다는 전제에 동의해야 합니다. 가장 우수한 스타트업은 오히려 사업에 경험이 없는 사람들이 시작하는 경우가 종종 있습니다. 경험이 없다는 거지, 그들이 특별히 젊다는 얘기는 아닙니다. 그들은 여러 분야의 접점에 있는 아이디어를 어느 특정 분야에 적용하지요. 이것이 독창적인 아이디어가 되는 거고요. 이에 대한 흥미로운 사례가 있습니다.

어떤 연구자들이 미사일에 들어갈 소형 카메라 시스템을 개발했습니다. 그들 중 한 사람이 이 카메라가 사람이 삼킬 수 있을 만큼 작기 때문에 사람의 소화기관을 통과할 수 있다는 관찰 결과를 내놓았습니다. 그들은 이 결과에 착안해 기븐 이미징(Given Imaging)이라는 회사를 설립했어요. 이 회사는 위암과

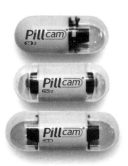

기븐 이미징이 만든 필캠.

대장암 검사를 위한 비침습성 센서(non-invasive sensor)를 생산했습니다. 피검사자가 알약처럼 생긴 이 카메라를 삼키면 그것이 자연적으로 배출될 때까지 소화기관을 거쳐 내려가면서 장기 내부를 촬영합니다. 미사일에 장착하기 위해 개발한 소형 카메라를 의료 분야에 접목한 것이지요.

그런데 이런 아이디어 대부분은 실행되지 않거나, 실행된다고 해도 상업적인 성공을 보장하지 않습니다. 사실 대부분의 실패는 아이디어가 잘못된 탓이 아닙니다. **실패 이유는 둘 중 하나인데, 너무 앞서갔거나 또는 기존 제품에 비해 충분히 발전하지 않았기 때문이죠. 두 경우 모두 경제적으로 성공할 가능성이 없다는 얘기입니다.**

이게 훌륭한 아이디어가 사장되는 이유예요. **본질적으로 실패**

는 재정이 부족하기 때문에 생깁니다. 그런 문제를 해결할 수 있
는 몇 가지 방법이 있죠. 그중 하나는 정부 차원에서 스타트업을
돕는 것입니다. 예를 들어 경제산업부(Ministry of the Economy
and Industry) 창업 기금 중 84퍼센트를 소규모 회사에 지원하
는 방식이 있습니다. 누군가 4만 달러를 가지고 창업했는데,
초기 단계에서 20만 달러가 추가로 필요하다고 가정해보죠.
이 스타트업은 20만 달러가 없어서 사장되고 맙니다.

물론 지원을 받아도 성공하지 못하는 회사가 많지요. **하지만 그
실패에 정당한 이유가 있다면 지원금을 상환하지 않아도 되는 제
도적 장치를 마련할 필요가 있습니다.** 그렇게 되면 일부 스타트
업은 실패의 위험이 큰 초기 단계를 통과할 수 있겠죠. 그들이
좋은 아이디어는 가지고 있지만, 경제와 재정 등에 대한 이해가
부족한 게 실패 원인 중의 한 가지라는 점을 감안해야 합니다.

하지만 다음번에 그들이 다시 아이디어를 내놓을 쯤에는, 일의
우선순위 등을 어떻게 결정해야 하는지 정도는 처음 실패할 때
보다 훨씬 더 잘 파악할 것입니다. 재정 운영에 대한 이해도 역
시 처음보다는 깊어져 있겠죠. 그렇다면 기회를 살릴 가능성
또한 높아졌을 테고요. 그러니 그들을 처음부터 실패자로 간주
해서는 안 됩니다.

이건 심리적으로도 중요한 문제예요. 정부 차원의 지원 정책

역시 그런 점을 충분히 감안해야 합니다. **아이디어만 좋다면 실패한 사람들도 다시 동일한 수준으로 지원받을 수 있어야 해요.** 이 부분에 있어 이스라엘은 관대한 편입니다.

여기에 한 가지 사항을 더 고려해야 합니다. 사람들이 스타트업을 시작할 때의 목표는 두 가지로 나뉩니다. 하나는 큰 회사로 발전시키는 것이고, 다른 하나는 출구를 찾는 것이죠. 각각의 목표에 따라 접근법이 달라지겠죠. 그런데 어떤 면에서는 출구를 찾는 사람들이 아이디어를 더 쉽게 진척시키는 경향이 있습니다. 회사를 발전시키려는 사람들은 회사를 자식처럼 생각하다 보니 회사에 대해 너무 감정적이 되는 바람에 오히려 일을 그르치는 경우가 많아요. 발명가들이 훌륭한 사업가는 아니잖아요. 그런 이유로 처음에는 실패하지만, 두 번째에는 성공을 거둘 수 있습니다. 첫 번째 실패를 통해 좋은 아이디어만으로는 충분치 않다는 걸 배웠기 때문이죠.

필요한 초기 비용을 가진 것만으로도 충분치 않습니다. **스스로 완전하게 유연해질 필요가 있어요.** 감정적으로 결합되어 있다는 이유로 자식들에게 융통성을 보이지 못하는 부모가 되어서는 안 되는 법이죠.

김대식 이제 실패를 경험하는 시기에 대해 여쭤보려고 합니다. 교수님의 경험에 비추어볼 때, 이른 나이에 실패를 처음 경험한 사람과 적지 않은 나이에 처음 실패한 사람을 비교한다면 어떤 차이가 있을까요?

어렴풋이 기억나는데, 한 매체에 뉴욕의 한 초등학교 교사가 쓴 글이 실렸습니다. 자신의 학생들에게 전하고 싶은 가장 중요한 교훈 중의 하나는 바로 실패로부터 배우는 법이라는 내용이었습니다. 정확히 말하자면 실패하는 법이었어요. 그녀는 이것이 어린아이가 배워야 할 가장 중요한 덕목이라고 말했어요. 모든 사람은 반드시 인생의 어떤 시점에서 실패하게 된다면서요. 무엇보다 그녀는 실패로부터 올바른 교훈을 얻는 법에 대해 설명하고자 했습니다. **제대로 실패하는 법을 배우는 것이죠.** 저는 그녀가 쓴 표현이 흥미롭다고 생각했습니다. 이른 나이에 실패하는 법을 배운다는 것이 어떤 차이를 가져올 수 있을까에 대해 교수님이 관찰하신 바가 있는지 궁금합니다.

바이스　나이와 실패의 상관관계에 대해서는 생각해본 적이 없네요. 다만 제가 확신하는 것은 **학교 같은 곳에서 실패로 인한 실망감을 느껴본 사람은 실패로부터의 회복이 훨씬 빠르다는 점입니다.** 그 교사도 그런 의미로 이야기했을 겁니다. 예를 들어 8~9세 때 겪을 수 있는 실패가 무엇이겠습니까? 누군가와 친구가 되고 싶은데 그 아이가 자기랑 놀아주지 않는 정도일 테죠. 그런 데서 오는 실망감을 견디거나 극복하는 법을 배우면, 훗날 실패를 경험하더라도 이를 필요 이상으로 힘들게 받아들이지는 않게 될 거예요.

누구나 인생의 어떤 지점에서는 실패한다

김대식　　그게 바로 실패의 핵심이라고 생각합니다. 실패를 통해 꼭 현명해져야 하는 건 아니에요. **늘 성공만 거두면서 살 수는 없다는 걸 배우는 것만으로도 충분합니다.** 그걸 배우게 되면 실패하더라도 세상이 끝났다며 좌절하지 않고 회복할 수 있겠죠. 그 회복력을 바탕으로 앞으로의 삶을 보다 의미 있게 살 수 있는 거고요. **실패로부터 회복하고 또다시 시도하는 것이 창조력의 필수 조건 중 하나라고 생각합니다.**

만약 누군가가 첫 실패로 깊이 절망한다면 그 사람은 사업과는 안 맞는다고 해야 할 겁니다. **좋은 아이디어가 있어서 시도했다가 실패했을 때, 다시 시작하기 위해 스스로를 일으킬 수 없다면 창업가 체질은 아닌 거죠. 그런 타입은 좋은 아이디어로 다시 시작한다 해도 똑같은 문제를 안게 될 게 분명합니다. 그런 사람이**

배워야 할 건 심리적 회복탄력성(psychological resilience)일 테고요.

바이스　네. 중요한 건 첫 실패가 앞으로도 성공할 수 없다는 걸 의미하는 것은 결코 아니라는 사실을 아는 것입니다. 이건 모든 사람에게 매우 중요한 이야기입니다. 특히 스타트업의 경우는 더욱 그렇고요. 한번 실패했더라도 이를 통해 자신의 약점을 깨닫게 되고, 다시 발전하기 위해 노력할 수 있습니다.

김대식　혹시 교수님의 경력에도 실패 경험이 있나요? 있었다면 그 실패가 실제로 새로운 계기가 되었는지 궁금합니다.

바이스　저는 창업을 해본 적이 없습니다. 제 실패는 학문 분야에서 훨씬 많았어요. 하지만 스타트업의 실패한 예를 말씀드릴 수 있습니다. 그리고 사람들이 어떻게 그것을 극복했는지에 관해서도요. 제 친구와 동료가 벤처 캐피털 펀드의 책임자로 있기 때문에, 여러 가지 실패 상황을 알고 있죠.
방위 전자(defense electronics) 산업 분야의 대기업에서 일하던 한 친구가 휴대전화와 관련된 뛰어난 아이디어를 제시한 적이 있습니다. 현재 기준에선 별것 아닐 수 있지만, 1990년대 당시에는 획기적인 아이디어였어요. 그런데 회사 경영진에서는 그 아이디어에 관심을 보이지 않았습니다. 결국 그는 회사를 그만두고 한 기업의 스타트업 인큐베이터에서 시드 펀딩을 받았습니다. 직원 3명 정도를 고용해 회사를 설립했죠.

그 인큐베이터는 당시 7곳의 스타트업을 지원했는데, 어느 날 한 다국적 대기업이 이 인큐베이터의 소유주에게 접근했습니다. 그 대기업도 인큐베이터를 보유하고 있었거든요. 그리고 지원하는 스타트업 중 한 곳을 인수하고 싶다고 제안합니다. 인큐베이터 관리자이자 소유자는 "안 된다. 이 단계에서는 회사를 개별적으로 매각하지는 않는다. 우리는 회사가 성장할 때까지 기다릴 것이다"라고 답했습니다. 그랬더니 그 기업은 또 다른 제안을 했습니다. 인큐베이터 전체를 사겠다고 한 거죠. 결국 그 기업은 인큐베이터 전체를 인수하는 데 성공했습니다. 그 결과는 어땠을까요? 인수 즉시 7곳의 스타트업 중에서 인수한 기업이 관심을 갖지 않은 회사 6곳이 문을 닫았습니다.

김대식　　그게 정말인가요?

바이스　　그 기업은 기존에 지원받은 스타트업 7곳 중 한 회사만을 원했기 때문에 관심이 없던 나머지 회사 6곳을 쉽게 정리했던 것입니다. 정리된 회사 중 하나였던 제 친구의 회사는 첫 제품 판매에서 성공을 거두었습니다. 그가 개발한 칩을 가장 규모가 큰 통신회사에 납품하게 됐거든요. 그런데 회사가 갑자기 문을 닫게 된 거죠. 그는 경영권을 사오려고 했지만, 인수한 기업에서는 이미 그가 경영권을 확보할 수 없을 정도로 많은 지분을 가지고 있었어요. 인수한 기업에서 요구하는 가격이 터무니없이 높았죠. 결국 그는 회사를 포기하면서 문을 닫았습니다.

다음 예는 더 극단적인데요. 이 경우는 예측할 수 없는 시장 상황과 관련이 있습니다. 한 회사가 식품 공급 분야에서 훌륭한 아이디어를 내서 꽤 좋은 성과를 올렸어요. 그런데 2006년 이스라엘-레바논 전쟁이 발발하면서 힘든 시기를 보내야 했죠. 회사는 한 달 동안 문을 닫아야 했고, 심지어 거래처들도 문을 닫고 사라졌죠. 그 회사는 정부로부터 일정 부분 보상을 받았지만 스타트업은 재개되지 않았습니다.

이런 예측 불가의 상황 역시 실제로 벌어질 수 있다는 걸 알아야 해요. 제가 여기서 말하고자 하는 바는, **모든 실패가 개인의 실수나 아이디어 자체의 문제 때문은 아니라는 겁니다. 환경에 따라 여러 방식으로 나타날 수 있는 게 바로 실패라는 거죠.**

김대식　　맞는 말씀입니다. 실패라는 게 서비스가 좋지 않거나 자신 혹은 다른 사람이 무언가를 잘못해서 비롯되기도 하지만, 우연한 사건 혹은 아무 관련이 없는 돌발 상황 때문에 벌어질 수도 있으니까요. 그런 면에서 실패 원인은 매우 복잡한 듯합니다. 그래서 더욱 회복력이 필요한 것 같아요. 자신의 어리석음 때문에 자초한 실패든, 아니면 자신이 통제할 수 없는 구조적인 사건이나 자연재해처럼 오직 신만이 알 수 있는 돌발적인 상황 때문에 찾아온 실패든, 그 어떤 것이든 상관없이 회복력이 중요하다고 봅니다.

바이스   좋은 아이디어가 성공하지 못하는 또 다른 이유가 있습니다. 누군가 성공 가능성이 매우 높은 아이디어를 개발하고 있으면, 그때 다른 어딘가에서 새로운 프로젝트가 등장해 개발 중인 아이디어를 불필요한 것으로 만들어버리는 경우도 생기죠.

김대식   우리는 그런 일을 시장에서 실제로 목격하곤 합니다. 창조력이 어떤 상황을 만나 결국 예측하지 못한 방향으로 흘러갈 수 있죠. 그럴 때 우리가 할 수 있는 일은 상처받은 자아를 적절히 관리하는 것입니다.
이런 일이 있었습니다. 제가 미국 보스턴에 있을 때 한 나라의 국가대표 아이스하키 팀 임원이 우리 연구소를 방문했고, 매우 흥미로운 연구 주제를 제안했습니다. 당연한 얘기지만 국가대표는 모두가 우수한 선수로 구성됩니다. 아마추어를 포함해 해당 분야의 모든 선수들 중에서 뽑혔으니 최고 중의 최고였죠. 기술과 재능, 모든 면에서요. 그런 선수들 사이의 기술 수준 차이는 거의 나질 않습니다. 하지만 실패를 접한 뒤의 회복력에서는 큰 차이가 났습니다. 자신의 실수 때문이든 상황 탓이든 사고나 실패가 생겼을 경우, 그 상황에서 회복할 수 있는 능력의 차이는 확연했던 거죠. 그들의 자료에 따르면 **최종적으로 훌륭한 선수를 만드는 건 단지 기술이 아니라, 기술과 회복력의 결합이라는 결론이었죠.** 기술 수준과 회복력을 일관되게 유지할 때 최고의 선수가 된다는 얘기였습니다.

이 실험은 굉장히 흥미로운 파일럿 프로젝트였습니다. 우리는 회복력의 차이가 어디에서 발생하는지 이해하고 싶었어요. 그래서 우리는 선수들을 두 집단으로 나눠 뇌 영상 연구를 실시했습니다. 먼저 예전 기록상으로 회복탄력성이 높은 집단과 낮은 집단으로 나누었어요. 유명 선수들이었기 때문에 우리는 각 선수마다 그들 경력에서 가장 큰 실패의 순간을 담은 동영상을 확보할 수 있었습니다. 연구를 위해 우리는 중요한 경기에서 선수들이 뭔가를 놓치거나 망쳤던 장면을 찾아서 그들에게 보여주었습니다. 그러곤 MRI 검사를 실시했죠.

그 결과 실패를 접한 최초의 반응은 모든 선수가 같다는 것을 확인할 수 있었어요. 회복탄력성이 높든 낮든 간에 가장 큰 실패의 순간과 부딪혔을 때는 모두가 놀라서 엄청난 감정적 반응을 보였던 거예요. 하지만 회복탄력성이 보다 높은 사람들, 다시 말해 실패의 순간에 놀랐지만 그 놀람의 기간이 짧은 사람들에게서 나타나는 흥미로운 차이점이 있었습니다. 그들의 전전두피질(prefrontal cortex, 행동을 주시·감독하고 이끌어 집중시키는 뇌의 영역. 충동 조절이나 비판적 사고 등의 능력을 다루며 집행 기능을 감독한다-옮긴이)이 집행 기능에 더 깊이 관여하는 것이 관찰되었죠. 즉, 회복탄력성이 높은 선수들의 전전두피질이 감정 반응을 억누르는 억제 신호를 훨씬 더 많이 보냈어요.

제가 그 연구를 통해 얻은 **교훈은 감정을 굳이 억압하려고 애쓰는 것은 소용이 없다는 사실이었습니다. 실패하면 누구나 화가 나는 거죠. 다만 그 감정에 어떻게 대응하느냐에 차이가 있을 뿐입니다. 그래서 실패에 관해서는 누구도 완벽하게 훈련될 수 없다고 생각합니다.** 달라이 라마 같은 분들은 예외일 수 있겠지만, 일반인들은 감정적일 수밖에 없어요.

실수를 하면 처음에는 낙심하게 되고 기분이 상하겠지만, 그건 오히려 건강한 것입니다. 그러나 회복탄력성의 두 번째 단계는 다르겠죠. **이미 벌어진 상황에 대해 이성적으로 생각하면서 감정을 추스르려고 노력하는 게 두 번째 단계입니다.** 그게 우리의 파일럿 연구 결과였어요. 교수님도 앞서의 스타트업 사례나 기타 다른 사례처럼 회복탄력성과 관련한 비슷한 관찰을 하셨는지 궁금합니다. 똑똑한 사람들도 비슷한 실패 앞에서 서로 완전히 다르게 행동하지요.

바이스 맞습니다. 제 경험을 비추어봐도 어떤 사람은 그냥 포기하지만, 2~3년 뒤에 다시 시작하는 사람이 있다는 걸 알 수 있어요. 그런데 어떤 사람은 불과 몇 주 만에 회복하기도 하더라고요.

회복탄력성과 창조력의 비밀

김대식 처음부터 포기하고 창업 단계에 이르지 못한 사람들은 예상 가능한 실패 상황을 모두 시뮬레이션 해봤을 거예요. 그러곤 미리 실패에 대해 겁을 먹었겠죠.

바이스 그럴 수 있습니다. 아마도 회복탄력성이 부족한 사람의 비율이 90퍼센트 정도 될 겁니다. 오직 상위 몇 퍼센트에 속하는 사람이 높은 회복탄력성을 가지고 있겠죠. 그런데 성취도와 회복력은 별개의 문제입니다. 고등학교에서 가장 뛰어난 학생들이 대학에 갑니다. 그리고 대학에서 가장 뛰어난 학생들이 대학원에 가고, 대학원에서 가장 뛰어난 졸업생들은 대학의 최상위에 남습니다. 거기서도 우수한 사람은 교수가 되고, 더 우수한 사람은 노벨상 같은 걸 수상하겠죠. 우수한 사람일수록 더 많은 선택의 기회가 주어집니다.

그러나 그게 전부는 아닙니다. **문제는 예상치 못한 일에 대처하는 방식이겠죠.** 개인적으로 노벨상 같은 큰 상을 수상한 사람을 7~8명 알고 있습니다. 그런데 그들은 수상 이후 각기 다른 반응을 보였습니다. 어떤 사람은 수상을 이력 삼아 즉시 강의를 하며 세계를 돌아다닙니다. 또 어떤 사람은 수상과 관계없이 다시 새로운 연구를 하려고 합니다. 이 정도 수준에 오른 사람들 사이에서도 반응의 차이는 이렇듯 큽니다. 교수님이 진행한 회복탄력성과 관련한 뇌 연구를 고려할 때, 회복탄력성을 높이기 위한 훈련 방법이 있다고 생각하나요?

김대식   저도 생각해봤는데요. 그런 훈련 방법을 찾아낸다면 수백만 달러를 벌 수 있을 것 같네요.(웃음) 하지만 그게 불가능하지만은 않다고 생각해요. 제가 궁금했던 부분은 훈련을 통해 회복탄력성을 높이게 된 개인적인 경험을 가진 사람이 있는지입니다. 그건 선천적인 것일까요? 아니면 교육될 수 있는 걸까요? 교수님은 회복탄력성을 갖고 태어나셨나요? 아니면 훈련을 통해 회복탄력성을 좀 더 높이게 되셨나요?

바이스　개인적으로는 모든 사람이 회복탄력성을 갖고 태어난다고 생각해요. 다만 어떤 사람은 회복탄력성을 잃도록 훈련되거나 주변 환경으로부터 회복탄력성을 잃는 방식을 배우는 것 같습니다.

김대식　지금 하신 말씀은 우리가 **기본적으로 회복탄력성을 갖고 있지만 무력감을 학습하게 된다는 것이네요.**

바이스　자기 자신을 비롯해서 어떤 의견도 쉽게 표현하지 못할 만큼 지나치게 엄격하게 양육된 아이들을 보면서 그런 걸 느꼈어요. 그 아이들은 회복탄력성을 잃어가고 있는 게 아닐까 하고요.
예를 들어볼게요. 한국을 포함한 일부 나라에서는 6세부터 대학에 진학하기 위한 훈련을 받는다고 알고 있습니다. 인생 설계도에서 대학 진학에만 철저히 초점을 맞추는 것인데요. 결과적으로 그 아이들은 자신이 정한 설계도가 아닌 부모 혹은 다른 누군가가 정한 설계도를 따르는 것이죠. 그런데 그 설계 목표에 도달하지 못하면 어떻게 될까요? 그들 중 일부는 회복탄력성을 잃을 수밖에 없을 거예요.

김대식　　흥미로운 말씀이네요. 비슷한 생각을 한 적이 있습니다. 교육을 충분히 받지 않아 아직은 본성에 충실한 5~7세의 아이에게 종이와 연필 혹은 크레용을 준다고 해보죠. 그러면 아이는 임의의 어떤 것을 그리기 시작할 겁니다. 저는 그게 창조 행위라고 생각해요. 그 아이는 주어진 도구를 사용해 무언가를 창조해낼 것입니다. 반면 어느 그룹의 임원 정도 되는 50대 어른을 구석에 앉혀놓고 종이와 펜을 주었을 때, 과연 그가 무언가를 창조할 수 있을지에 대해서는 의구심이 듭니다. **그렇게 보면 우리는 애초에 창조적이라고 정의할 수 있는 상태로 태어나지만, 교육을 받고 성장 과정을 거치면서 많은 부분이 필연적으로 달라지는 듯합니다.**

바이스　　크기와 너비를 정해둔 상자 안에 담기는 것과 같죠.

김대식　상자 안에 담긴다는 말이 흥미롭네요. 하지만 그렇다 하더라도 그 상자 안에서 회복탄력성을 훈련하고 창조력을 훈련할 수 있는 상태로 다시 돌아올 수 있지 않을까요? 우리는 질문을 뒤집어야 할지도 모르겠네요. '회복탄력성과 창조력이 향상되도록 훈련할 수 있는가'라는 질문에서 **'창조력이 덜 저하되도록, 회복탄력성이 덜 낮아지도록 훈련할 수 있는가'라는 질문으로 말입니다.**

바이스　동의합니다. **어린 나이부터 창조력이 활발해지도록 자극을 줘야 해요. 최소한 창조력이 손상되지 않도록 환경을 조성해줘야 하는 거죠.** 문제는 창조력이 활발해지는 시기가 부모로부터 시작해서 교사 등 타인의 손에 좌우되는 때라는 건데요. 그들의 역할이 중요하겠죠. 나는 창조력과 회복탄력성은 깊이 연결되어 있다고 생각합니다. **창조적인 사람이라면 반드시 회복탄력성도 높을 겁니다.** 저명한 화가들이 얼마나 많은 그림을 다시 그리는지를 떠올려보세요. 최고의 명작을 창작하려고 같은 그림을 몇 번이고 다시 그리잖아요.
이는 그들이 회복탄력성이 높은 사람이라는 의미예요. 회복탄력성이 낮은 사람들은 한 번 완성해낸 걸로 충분하다고 생각할 거예요. 두세 번 더 도전한다는 생각은 아예 하지 않죠. 이렇게 창조력과 회복탄력성은 깊이 연관되어 있습니다. 우리의 이야기가 회복탄력성에서 시작해, 창조력으로 끝나는 이유가 바로 이것입니다.

김대식　　저도 직감적으로 창조력은 분명 회복탄력성과 관련이 있다고 느낍니다. 덧붙이자면 회복탄력성과 창조력 모두에 필요한 중요한 조건은 다양하고 역동적인 인생 경험이라고 할 수 있을 거예요. 사람이 지나치게 완벽한 보호를 받으며 응석받이로 자라면 결국 인생에 대해 아주 좁은 시야를 갖게 될 테지요. 인간은 누구나 어떤 시점이 되면 현실이라는 것과 마주칠 수밖에 없잖아요. 그 현실에는 좋은 면이 있지만 나쁜 면도 반드시 있고요. 누군가는 좋지 않은 현실을 극도로 힘겹게 받아들일 거예요. 그는 쉽게 실패할 거고, 그걸 회복하는 데 어려움을 겪게 될 겁니다.

제가 이런 얘기를 꺼내는 이유는 한국과 이스라엘이라는 두 사회를 비교해보기 위해서이기도 합니다. 제 생각에는 한국 아이 대부분이 자라면서 매우 좁은 세계관과 협소한 경험밖에는 갖지 못하게 되는 것 같습니다. 한국 아이 대부분은 7세 때부터 학원에 다니기 시작해서 이후 10년 이상을 그곳에서 머물거든요. 제 친척 아이의 일과를 예로 들어볼게요. 오전 7시에 학교에 갔다가 방과 후엔 평균 5개 정도의 학원에 다닙니다. 공부하고, 또 공부한 뒤 자정이 되어서야 잠자리에 듭니다. 마치 끝없는 공부 바퀴를 돌리는 것 같아요. 누군가 만들어준 상자에 담겨 그 상자 밖의 경험을 못하는 셈이죠.

반면 이스라엘 아이들은 주변으로부터 실제 삶을 경험하도록 격려받으며 자라고 있다는 생각이 듭니다. 아마도 그런 인생 격려는 계속 이어질 테죠. 제가 이스라엘에서 만난 청년 대부분은 한국 청년들보다 훨씬 더 적극적이었고, 보다 현실적인 인생관을 갖고 있었습니다.

바이스　　　일단은 그에 동의합니다. 하지만 이스라엘 역시 문제를 안고 있어요. 앞서 말한 대로 국제 경시대회 같은 시험 탓이죠. 그런 시험에서 이스라엘 학생들은 다른 나라 학생들에 비해 높은 성적을 거두지 못합니다. 그 이유 중 하나는 학생들이 학원을 잘 찾지 않는 데다, 그런 시험에 알맞은 특정 훈련을 받지 않기 때문이죠. 그런데 지난 몇 년 동안 이스라엘 학생들이 다른 나라 학생들보다 국제 시험 점수가 낮았다는 이유로 공무원과 교사 모두 큰 당혹감을 느껴, 이스라엘의 교육이 전과 다른 방향으로 전환되고 있어요.

그러나 우리는 중요한 것을 놓쳐서는 안 됩니다. 그런 시험을 잘 치를 수 있는 학생은 전체에서 기껏해야 15퍼센트 정도겠죠. 그런데 모든 학생에게 그런 유의 시험에 적합한 훈련을 시키고, 동일한 틀에 집어넣어 성공을 기대합니다. 그래선 안 되죠. 다른 많은 학생에게는 실제 직업 현장에 알맞은 교육이나 창조적이고 예술적인 교육이 더 적합할 겁니다.

김대식   한국의 경우 시험 성적의 '성 삼위일체'라고 부를 수 있는 과목이 정해져 있죠. 바로 '국영수'입니다.

바이스   영어를 포함한 모든 외국어 공부는 유용하죠. 하지만 수학의 경우, 이 과목에 적응하지 못하는 80퍼센트 이상의 학생들에게는 가혹한 과목일 거예요. 수학은 저 같은 엔지니어 유형의 사람에게 맞는 과목이죠. 예를 들어 배우를 꿈꾸는 학생에게 강제로 수학을 배우게 하는 건 두 가지 심각한 문제를 야기할 수 있어요. 첫째는 인생에서 다른 걸 선택할 수 있는 기회를 박탈할 수 있다는 점이죠. 둘째는 한 인간을 상대적인 실패나 패배감 속으로 밀어넣을 수 있다는 점이에요. 그 실패감은 그 사람 안에서 돌이킬 수 없이 커질 겁니다.

김대식   그리고 분명히 그 사람에게 수학에 대한 깊은 증오심을 심어놓겠죠.

바이스　　맞아요. 그 증오심은 계속 그를 괴롭힐 거고, 다음 세대로 이어질 거예요. 이들이 나중에 부모가 되면 자녀에게 그런 증오심을 표현하지는 않겠지만, 어린아이들에게 수학은 어려운 과목이라는 느낌을 은연중에 전달할 것입니다. '그건 별로야. 어려운 과목이야'라는 식의 느낌이 거듭되면 수학을 좋아했던 아이도 외면하게 될 거예요. **이와 관련해서 생각해야 할 또 하나의 요소는 '젠더'예요.** 여성에게는 오랫동안 '3K'를 잘 살피라는 역할이 주어졌었잖아요. 독일에 계셨으니까 아실 테죠.

김대식　　물론입니다. 3K, 즉 아이(Kinder), 부엌(Küche), 교회 (Kirche)를 가리키는 말이죠.

바이스　　우리 사회에는 오래된 성차별 문화가 자리 잡고 있습니다. 그런 문화 속에서 만약 수학에 뛰어난 재능을 보인 여학생이 있다면 그 학생은 어떻게 자랄까요? 아마도 수학과는 아무런 관련이 없는 아이와 살림을 챙기거나 종교 생활에 적합한 어른이 되겠죠. 물론 사회는 변하고 있어요. 벌써 20여 년 전의 일입니다만, 지금은 공대 교수가 된 제 딸이 13세 무렵이었을 때 이스라엘 학교에서는 수공예 과목이 두 개 있었습니다. 하나는 바느질이었고, 다른 하나는 금속 가공이었죠. 제 딸은 금속 가공을 하고 싶었는데, 여학생 대부분은 바느질 수업을 신청했다더군요. 물론 지금은 많이 달라졌지만 **우리 사회가 무의식중에 여자아이들에게 젠더를 강요하는 건 아닌지 고민할 필요가 있습니다.**

김대식　　한국에서도 젠더는 뜨거운 문제이긴 합니다. 그 문제는 뒤로하고, 영어 얘기가 잠깐 나온 김에 질문 하나 드리고 싶습니다. 제가 정말 극단적으로 이상한 현상을 관찰했기 때문인데요. 독일에서는 경영인이나 과학자 등 전문 영역을 지닌 사람들은 대부분 영어에 능통합니다. 그런데 평범한 사람이나 어린 학생들은 여전히 영어를 잘 못하죠. 한국의 영어 수준도 별반 다를 게 없습니다. 하지만 이스라엘 사람들의 영어 수준은 매번 저를 놀라게 합니다. 보통 사람을 비롯해 아주 어린아이조차 영어를 유창하게 구사한다는 느낌을 받았거든요.

바이스　　이스라엘에서는 8세부터 영어를 배우기 시작합니다. 컴퓨터에 관심을 보이기 시작할 때부터 영어를 익히게 되는 것 같아요. 아이 대부분이 '엔터'라는 단어를 알잖아요. 대부분의 소프트웨어, 스마트폰, 컴퓨터 게임 등에서 영어를 쉽게 접하니까요. 또 우리는 영화나 TV 프로그램을 히브리어로 더빙하지 않아요. 그냥 자막 처리합니다. 독일어, 프랑스어는 많지 않고 주로 영어죠. 실생활에서 외국어를 쉽게 접하는 환경을 만들어주는 겁니다.

김대식 제 네덜란드 친구들도 그런 얘기를 합니다. 네덜란드인들은 보통 3~4개 국어를 접하며 자랍니다. 미취학 아이들도 영어로 가벼운 대화를 나눌 정도고요. 듣자 하니 아이들을 위한 애니메이션조차 더빙을 하지 않는다고 하더군요. 대신 자막을 넣는데, 사실 그 시기의 아이들은 글을 읽지 못하잖아요. 글을 읽지 못하는 어린아이들이 애니메이션을 이해하는 유일한 방법은 영어를 듣고 이해하는 것입니다. 그것이 아이들이 영어를 배우는 방법이죠. 저는 그동안 한국에서 많은 애니메이션을 봤습니다. 대다수가 한국어로 더빙되어 있더군요. 네덜란드나 이스라엘의 사례를 참고해서 현실적이면서 구체적인 정책을 제시할 수 있을 거라고 생각해요.

바이스 네. 좋은 생각입니다. 실행이 어렵지 않은 데다 분명한 장점이 있겠네요. 일부러 계획하지 않고도 자연스러운 환경을 만들어주는 셈이니까요.

2개 국어 이상의 언어를 사용하며 자란 아이들은 한 언어만 쓰며 자란 아이들보다 훨씬 더 쉽게 또 다른 언어를 배울 거예요. 여러 언어를 배우는 과정에서 실수와 극복을 거듭하며 회복탄력성도 더 높아질 거고요.

김대식 확실히 그 아이들은 회복탄력성과 창조력을 비롯한 다양한 측면에서 많은 이익을 얻게 될 거예요. 우리가 할 일은 그러한 것들이 자연스럽게 획득되는 환경을 제공하는 것이죠.

바이스 그래도 "외국어는 힘들어!"라며 포기하는 아이들이 있겠죠. 여기서 또 하나 강조할 부분은 영어를 사용하기 위해서 완벽하게 말하거나 이해할 필요가 없다는 사실을 일깨워줘야 한다는 점입니다. 언어 능력을 향상하는 방법은 실수를 많이 저지르고, 그 실수를 바로잡아 나가는 것밖엔 없습니다. 하나 이상의 언어를 아는 것은 창조력을 키우는 데 매우 중요합니다. 독창적인 콘셉트를 만들어내는 데 필요한 다각적인 관점을 확보하는 방법이기 때문이죠. 앞에서 창조력은 접점에서 나타난다는 점을 여러 차례 얘기했는데, 이 접점에는 언어 사이에 내재한 문화적 차이도 포함됩니다. 오늘날의 세계에서 영어는 반드시 구사해야 할 언어입니다.

김대식　그렇죠. 전 세계 영어 사용자 대부분은 모국어가 영어가 아닌 사람들입니다. 그러니까 완벽하게 말할 수는 없잖아요. 제가 사용하는 영어가 아널드 슈워제네거 같다고 말하는 사람들도 있어요. 그래도 상관없잖아요.(웃음)

문제를 푸는 사람, 문제를 구성하는 사람

바이스　이 장을 마무리하면서 인생에서 복잡하게 꼬인 문제들을 푸는 방식에 대해 이야기해볼까요. 눈앞에 닥친 문제를 해결하려면 먼저 내게 주어진 문제가 무엇인가를 정의해야 합니다. 그것은 관찰을 통해 시작되죠. **관찰을 통해 무엇이 잘못되었는지를 정확히 이해하고, 문제가 있다는 걸 발견하는 것만으로 개선이 이루어질 수 있거든요. 관찰이란 드러나지 않은 문제나 불편함을 드러나게 합니다.**

예를 하나 들어보죠. 우리가 자주 마시는 커피 컵의 뚜껑에 작은 구멍을 냈잖아요. 그 아이디어를 발견한 사람은 맨 처음에 뚜껑이 없는 음료를 들고서는 이동하는 게 불편하다는 점에 주목했을 겁니다. 이동하면서 마실 수 있도록 컵에 뭔가 할 수 없을까 하는 의문으로 이어진 거죠. 또 이런 의문은 이동할 때에도 담아둔 음료를 흘리지 않게 하는 방법을 찾는 데 집중하게 했을 겁니다. 이것이 바로 문제를 구성하고 해결하는 방식입니다. 소니가 워크맨을 개발한 것도 마찬가지예요. 이전까지 돌아다니면서 음악을 듣는다는 생각은 아무도 안 했죠. 하지만 소니의 공동 창업자 모리타 아키오(盛田昭夫)는 관찰을 통해 그런 아이디어를 낸 거예요. 지금 휴대전화 역시 누군가 이런 게 편리하다는 걸 발견하기 전까지는 존재하지 않았던 물건입니다.

창조력이 발현되는 과정은 두 단계로 구성되어 있어요. 뭔가가 제대로 기능하지 못하는 걸 관찰한 다음, 그에 대해 고민해서 그것이 제대로 기능하게 만들 방법을 찾는 것입니다. 즉, 먼저 문제를 정의한 다음에 그 문제를 해결하는 방식이죠.

창조를 위해 필요한 건 아직은 필요하지 않지만 앞으로는 성공할 수 있는 어떤 것을 찾아내는 거라고 할 수 있어요. 즉, 필요 자체를 창조해내는 거죠. 이런 식으로 문제를 정의하는 일련의 과정이 계속될 때, 높은 차원의 창조력이 발현될 수 있습니다.

김대식　창조력과 관련해서 한국에서 흔히 맞닥뜨리는 중요한 문제를 잘 지적해주셨다고 생각해요. 말씀하신 것처럼 창조력을 두 단계로 나누어본다면, 1단계는 문제 구성이고 2단계는 문제 해결입니다. 저는 한국의 학생이나 회사가 창조력의 2단계에선 매우 뛰어나다고 생각합니다. 그들은 기존에 다뤘던 문제가 주어지면 분명히 문제를 해결해냅니다. 정해진 문제를 해결하는 것에 능숙하도록 훈련되었기 때문입니다. 하지만 창조력의 1단계, 즉 문제를 구성하는 단계에서는 대다수가 별다른 성과를 내지 못할 거예요.

그들은 질문을 던지고 문제를 구성하는 데는 극심한 어려움을 드러내죠. 그 의문점에 대한 힌트를 교수님께서 방금 말씀하셨어요. **바로 한국인 대부분이 성장 과정에서 질문하는 법을 배우지 못했기 때문입니다.**

바이스 문제를 구성하는 법에 익숙하지 못한 건 삶의 부조리를 포함해서 다양한 인생을 경험하지 못해서입니다. 별다른 풍파 없이 살아온 한 중산층 가족이 있다고 가정해보죠. 그 집 아이는 자라는 동안 괜찮은 삶을 살았을 테죠. 7세 아이의 인생에도 좋을 때와 나쁜 때가 있지만, 인생 경험의 범위가 매우 좁기 때문에 모든 것이 좋을 때라고 할 수 있습니다. **인생 경험의 범위가 더 넓어지는 시기는 스스로 감당해야 할 실수와 실패, 예기치 않은 사고를 경험할 때입니다. 그런데 한국**

사회는 아이들에게 인생 경험의 범위가 실제로 넓어질 때를 대비한 준비를 시키지 않고 있는 듯합니다. 하지만 때가 되면 그들은 가족을 떠나 대학이나 대학원에 가고, 또 회사에 들어가야 합니다. 그리고 반드시 실수와 실패에 부딪히게 되죠. 문제를 다루는 법을 배우지 못한 아이들은 그때 정서적으로 불행해지게 됩니다.

굳이 개념화하지 않아도, 우리는 행복의 원천과 행복을 다루는 법을 알고 있습니다. 그런데 매우 운명론적인 불행 속에 갇혀 있으면 이 모든 문제에 맞서 아무것도 할 수 없습니다. 하지만 사람들은 질문을 던지는 법뿐만 아니라 스스로 문제를 만들어내는 문제 구성의 단계, 즉 창조력 1단계를 배우지 못했죠. **문제를 직접 만들지 못하면 다른 누군가가 만들어낸 문제에만 매달려야 합니다.** 그런 의미에서 누군가 반대 의견을 냈을 때 아웃사이더가 되는 사회는 문제가 있다고 할 수 있습니다. 한국에서 창조력을 둘러싼 문제는 그 뿌리가 매우 깊은 것 같군요. 한국 가정의 평균 자녀 수는 몇 명인가요?

김대식　　요즘은 자녀를 한 명 둔 핵가족이 많습니다. 출생률이 가장 낮은 나라 중 하나죠.

바이스　　이스라엘에선 한 가족당 평균 3명의 자녀를 두고 있습니다. 그리고 요즘 젊은 세대들은 4명까지 낳으려는 계획을 세우기도 합니다.

김대식　　정말인가요? 상당히 높은 출생률이네요.

바이스　　매우 높죠. 높은 출생률 또한 회복탄력성, 결과적으로 창조력과 연관되는 부분이 있어요. 가정에서 서로 경쟁하거나 도와야 하는 아이들은 그렇지 않은 아이들과 매우 다른 점이 있습니다.

이것은 구조의 유연성(framework flexibility) 문제로 들어갑니다. 첫 아이는 동생을 도와야 하는 현실을 마주하게 됩니다. 그런데 그 동생에게 또 동생이 생기는 순간이 오겠죠. 그러면 갑자기 동생의 위치는 소비자에서 공급자로 전환되듯 바뀌게 됩니다. 그런 이유로 대가족에서 자란 아이들은 상당한 회복탄력성을 갖게 되지요. 다수의 형제가 있으면 회복탄력성을 키우는 데 도움이 됩니다. 그 결과 창조력도 키워지죠. 누군가와 장난감을 공유해야 하니까 다른 사람의 의견 혹은 견해가 자신의 세계에 영향을 미치게 되는 것이지요.

김대식   예상치 못했던 해석이네요. 창조력과 관련해서 출생률이 연결될 것이라고는 생각지 못했습니다. 두 사회에서 관찰되는 차이가 매우 흥미롭군요. 그렇게 우연적이거나 개연적인 결과로 이뤄진 차이들이 창조력에 많은 영향을 미치게 되는군요. 다음 장에서는 교수님이 소속된 '글로벌 피터 드러커 포럼(Global Peter Drucker Forum)'의 경험들을 바탕으로 혁신가로 유명한 피터 드러커로부터 우리가 배울 내용에 대해 다루겠습니다. 어떤 흥미로운 이야기들이 나올지 기대되네요.

6장

혁신으로 나아가는 길

피터 드러커는 이렇게 말했다. "대부분의 사람은 사물을 볼 때 그냥 보지만, 난 그걸 꿰뚫어본다." 생전에 그는 어떤 회사에 컨설턴트로 가면 하루 이틀 관찰한 뒤 사람들이 그전에 생각하지 못했던 통찰을 내놓곤 했다. 회사마다 각기 다른 문제가 튀어나왔고, 그걸 관찰한 결과 다양한 통찰이 생겨났던 것이다. 그런 다양한 통찰의 바탕에는 바로 '상식'이 있었다. 인간의 감각(sensation)과 지각(perception)은 차이가 있다. 본래 본다는 감각은 광자가 눈의 망막에 부딪히는 물리적 과정인데, 무언가를 본다는 건 눈에 들어온 데이터를 지각하는 것까지 포함하는 것이다. 드러커는 다른 사람들이 단지 보려고만 할 때 그것이 무엇인지 이해하려 했고, 그렇게 하는 것이 실제로 보는 것임을 이야기하고자 했다.

드러커는 혁신에 대해 다음과 같이 말했다. "체계적 혁신은 기회 분석에서 시작한다. 혁신은 개념 활동이자 지각 활동이다. 모든 성공적인 혁신은 놀라울 만큼 단순하다. 효과적인 혁신은 작게 시작한다. 혁신에 성공하려면 주어진 시장이나 산업 안에서 주도권(리더십)을 잡아야 한다." 또한 '미래를 예측하는 최선의 방법은 직접 미래를 창조하는 것'이라고 말한 바 있다.

누구나 아는 상식은 상식이 아니다

김대식　　교수님은 '글로벌 피터 드러커 포럼'의 회원이고, 매년 빈에서 열리는 콘퍼런스에 참석하시는 걸로 알고 있습니다. 피터 드러커와 어떤 관계가 있으신가요?

바이스　　피터 드러커는 2005년 96세를 일기로 사망했어요. '글로벌 피터 드러커 포럼'의 첫 모임은 그의 100번째 생일을 기념하면서 시작했습니다. 그는 전형적인 학자나 교육자는 아니지만, 깊이 있는 통찰을 왕성하게 보여줬죠. 나는 초기 드러커 포럼에 참석한 이후로 운영위원으로 위촉되어 계속 활동하고 있어요. 포럼 멤버가 된 이유 중 하나는 내가 스타트업 국가로 각광받는 이스라엘에 속한 과학자이기 때문일 겁니다. 참고로 제 부모님이 포럼이 열리는 오스트리아 빈 출신이기도 하고요. 그런 환경 탓에 빈은 내게 고향 같은 정서로 다가오는 곳입니다. 하나 더 흥미로운 얘기를 할까요. 피터 드러커의 부인인 도리스 슈미츠 드러커(Doris Schmitz Drucker) 여사는 2014년 103세의 나이로 세상을 떠났는데, 사망하기 몇 해 전까지 드러커 포럼에 참석하셨죠. 저는 피터 드러커가 그의 부인과 많은 생각을 교류했고, 그의 생각에도 부인의 아이디어가 많이 포함됐다고 생각합니다. 드러커 여사는 80대에 접어들어서 스타트업을 시작한 적도 있습니다.

김대식　재미있는 이야기네요. 앞서 잠깐 언급했던 것처럼 오스트리아 빈은 19세기 중반부터 1930년대 초반까지 전 세계 지식의 중심지였습니다. 자연과학뿐만 아니라 철학 분야까지 섭렵한 루트비히 볼츠만(Ludwig Boltzmann)이나 에른스트 마흐(Ernst Mach) 같은 학자가 있었죠. 또한 '창조적 파괴'라는 용어로 유명한 경제학자 조지프 슘페터(Joseph Schumpeter)가 오스트리아 빈 대학 출신이죠. 당시 공급 우선의 고전학파 이론에 반대하며 시장 가격 결정에서 소비자의 한계효용을 주장한 오스트리아 학파의 이론이 시장에 많은 영향을 미쳤고요.

바이스　1930년대 초반이면 유대인 집안 출신으로 빈에서 태어나 고등학교를 졸업하고 독일로 갔던 피터 드러커가 나치

정권의 핍박 때문에 영국으로 떠났을 때죠. 영국에선 금융계에서 일했는데, 거기서 세계적인 경제학자 케인스의 영향을 많이 받은 걸로 압니다. 그러다가 미국으로 건너갔죠.

김대식　피터 드러커는 지금도 경영 분야의 구루로 인정받고 있죠. 사실 구루라는 용어에는 두 가지 측면이 있습니다. 훌륭한 스승에 대한 존경심을 드러내는 표현이면서, 한편으로는 진지하지 못하고 학술적이지 않다는 이유로 살짝 무시하는 느낌도 있죠.

바이스　맞습니다. 하지만 결국 구루는 사람들이 신뢰하는 인물을 가리키는 말입니다. 그가 실제로 그 정도 인물이었는지의 여부와는 상관없이요. 결국 그는 사람들의 신뢰를 저버리지 않고 로스앤젤레스 근처에 학교를 세우고 피터 드러커 재단을 설립했죠. 글로벌 피터 드러커 포럼이 시작된 이후, 캐나다 토론토 대학의 로트만 경영대 산하 마틴경제발전연구소 출신 학자들을 비롯해서 원로 경영학자들까지 드러커의 사상과 접근법을 받아들이기 시작했습니다. 마틴경제발전연구소는 드러커 포럼의 협력 기관이기도 하고요. **드러커의 명언 중 하나는 '대부분의 사람은 사물을 볼 때 그냥 보지만, 난 그걸 꿰뚫어본다'**

가 아닐까요. 꿰뚫어본다는 걸 다른 말로 하면, 세부 사항을 이해하고 그를 바탕으로 모델을 만든다는 얘기입니다.

드러커 재단은 거의 매주 드러커의 30대, 40대, 50대 시절의 생각을 담은 자료집을 출간하고 있어요. 지금까지도 피터 드러커의 이론이 유효하다는 것을 입증하는 셈이죠.

김대식 이번 기회에 왕성한 저작 활동을 벌였던 피터 드러커에 대해 여쭤보고 싶어요. 피터 드러커 사상의 중심에는 우리가 논의하고 있는 혁신이란 주제가 자리하고 있습니다. 그의 사고방식과 생각을 요약해본다면, 어떻게 정리할 수 있을까요?

바이스 요약은 녹록지 않은 일입니다. 피터 드러커는 경영이나 혁신과 관련해서 다루지 않은 주제가 없다고 할 만큼 방대한 저작을 남겼으니까요. 누군가 경영과 혁신을 주제로 어떤 이야기를 꺼내면 바로 드러커가 이미 했던 말이라는 지적이 나오기 일쑤죠. 피터 드러커 전집 몇 권 몇 쪽을 찾아보라는 식으로요. 예를 들어 '파괴적 혁신'이란 용어가 새로운 것 같지만, 그의 저작을 자세히 살펴보면 이미 어디선가 언급했던 내용이라는 것을 알게 됩니다.

김대식　알겠습니다. 그러면 우리가 해야 할 일은 그의 생각에 대해 일반적으로 설명하고, 그 핵심을 간략히 요약하는 것이겠네요. 먼저 교수님처럼 전통적인 방식으로 훈련된 공학자가 피터 드러커의 사고방식에 흥미를 갖게 된 이유, 그리고 피터 드러커의 생각 중에서 가장 흥미롭게 생각하는 지점이 궁금합니다.

바이스　제가 드러커의 사고방식에 흥미를 갖게 된 이유를 한마디로 말씀 드리면, 그가 지닌 상식과 관찰 기술 때문이에요. 그는 어떤 회사에 컨설턴트로 가면 하루 이틀 관찰한 뒤 사람들이 그전에 생각하지 못했던 통찰을 내놓곤 했습니다. 회사마다 각기 다른 문제가 튀어나왔고, 그걸 관찰한 결과 다양한 통찰이 생겨났던 것입니다. 이것이 그가 그렇게 많은 책과 인쇄물을 발간할 수 있었던 이유죠. 그런데 그런 다양한 통찰의 바탕에는 바로 '상식(common sense)'이 있었습니다. 여기서 볼테르의 유명한 말, "누구나 아는 상식은 더 이상 상식이 아닌 경우가 많다"는 말을 인용할 수 있겠네요.

김대식　동의합니다. 상식이라는 것도 훈련된 만큼 차이가 나겠죠. 피터 드러커가 남들은 그냥 보지만 자신은 꿰뚫어본다고 직접 얘기한 것처럼, 그에겐 다른 사람이 보지 못하는 걸 관찰할 수 있는 통찰력이 있다고 하셨는데요. 사실 그것은 신경과학에서 다루는 부분과 매우 유사합니다. 인간의 감각(sensation)과 지각(perception)은 차이가 있습니다. 본래 감각은 광자가 눈의 망막에 부딪히는 물리적 과정인데, 이 물리적 과정을 곧 보는 것이라고는 할 수 없습니다. **무언가를 본다는 건 눈에 들어온 데이터를 지각하는 것까지 포함하거든요. 피터 드러커는 다른 사람들이 단지 보려고만 할 때 그것이 무엇인지 이해하려 했고, 그렇게 하는 것이 실제로 보는 것임을 이야기하고자 했던 것 같습니다.** 하지만 학계에서는 피터 드러커의 설명 중 일부분이 계량적이지 않다, 즉 데이터 처리가 불가능한 지점이 있다는 비판이 있습니다. 그의 이론이 관찰에만 의존해서 성립했기 때문이 아닐까 싶은데요.

바이스   그건 사실입니다. 피터 드러커는 자신의 아이디어를 통계적으로 분석하진 않았어요. 그런 점에서는 과학적으로 엄밀하지는 않았다고 볼 수 있겠죠. 그가 어떤 곳에서 무언가를 지적했을 때, 그 지적은 그곳에만 적용될 뿐 다른 곳에는 맞지 않을 수 있었거든요. 하지만 그 아이디어가 그곳에 필요하고 적절했다면 그것만으로 충분하죠. 저도 가끔씩 동일한 문제에 처하곤 합니다. 제 아이디어가 적절하다고 판단되면, 세부적인 모든 걸 일일이 점검하고 싶지는 않더라고요. 드러커도 그랬을 것 같아요. 물론 통계가 해결책을 제시하기도 하지만, 반대로 통계적 분석이라는 게 완전한 답은 아니잖아요. '검은 백조의 역설(월스트리트의 투자 분석 전문가 나심 니콜라스 탈레브가 쓴『블랙 스완』에 소개된 개념. 1697년 호주 대륙에서 검은 백조가 발견되기 전까지 유럽인들은 모든 백조는 흰색이라고 생각했다. 블랙 스완의 역설은 과거 경험에 의존한 판단이 반드시 옳지 않으며, 과거 사전을 아무리 분석해도 미래를 완벽하게 예측할 수 없다는 것을 말해준다-옮긴이)'이 있으니까요. 또 프로젝트의 핵심을 해결하고 나면 이후 세부적인 것들에 대한 흥미를 잃어버릴 수 있죠. 그래서 나는 학생들에게 제 연구실 벽에 붙여놓은 포스터 얘기를 종종 꺼냅니다. 변기에 앉은 한 남자가 "휴지로 뒤를 깨끗이 닦기 전까지는 볼일을 다 본 게 아니다"라고 말하는 포스터예요.

김대식   제가 아는 예로는 레오나르도 다 빈치를 들 수 있겠네요. 다 빈치는 아주 심각한 ADHD 성향을 가지고 있었죠. 그는 사실 어떤 것을 제대로 마무리한 적이 없었어요.

바이스   네. 세부적인 일까지 모두 끝내야 하는 건 맞습니다.

"휴지로 뒤를 깨끗이 닦기 전까지는 볼일을 다 본 게 아니다."

하지만, 어떤 사람은 그런 일을 더 잘하는 반면, 어떤 사람은 그런 일을 좋아하지 않고 잘 처리하지도 못하죠. 통계적으로 증명할 수는 없겠지만, 제 생각엔 창조적인 사람들은 세부적인 서류 작업에 대한 관심이 덜한 것 같습니다. 피터 드러커도 아마 그런 유형에 속할 테고요.

미래를 예측하는 가장 좋은 방법은 미래를 창조하는 것

김대식　　피터 드러커는 어디를 관찰하고 무엇을 파헤쳐야 할지에 대해 매우 뛰어난 직관력을 가졌었고, 관찰에 근거해서 결론에 도달했던 것 같습니다. 훗날 그의 이론에 대해 추가적인 관찰이 이뤄지고 더 많은 데이터가 확보된 뒤에도 수십 년전에 내놓은 이론 대부분이 옳은 것으로 드러나 놀라움을 주었죠.

지금부터는 혁신과 관련한 피터 드러커의 아이디어가 무엇이었는지 알아보죠. 그는 혁신이 어디에서 시작되며, 또 혁신적인 기업을 만들기 위한 가장 중요한 요소는 무엇이라고 생각했나요?

바이스   그는 『미래사회를 이끌어가는 기업가 정신(Innovation and Entrepreneurship)』이라는 책에서 다섯 가지 원칙을 정의했습니다. 간단하게 그 내용을 소개해보겠습니다. 첫째, **체계적 혁신은 기회 분석에서 시작한다.** 혁신적 기회의 원천들을 철저히 검토하는 데서 출발한다. 둘째, **혁신은 개념 활동이자 지각 활동이다.** 성공적인 혁신가는 숫자를 살펴보고, 사람을 관찰한다. 그들은 기회를 잡으려면 혁신을 어떻게 해야 하는가에 대해 분석적으로 접근한다. 그다음에는 밖으로 나가서 고객, 즉 실제 이용자를 살펴보고 그들이 무엇을 기대하고, 무엇에 가치를 두고, 어떤 니즈를 가지고 있는지를 알아낸다. 셋째, **모든 성공적인 혁신은 놀라울 만큼 단순하다.** 혁신이 실제로 이뤄지려면 단순해야 되고 또 집중되어 있어야 한다. 오직 한 가지에 집중해야 하고, 그렇지 않으면 혼란이 생긴다. 혁신이 받을 수 있는 최고의 찬사는 다음과 같은 말이다. "이건 틀림없어. 우리는 왜 이런 생각을 못했지?" 넷째, **효과적인 혁신은 작게 시작한다.** 하나의 구체적인 작은 것부터 시도한다. 다섯째, **혁신에 성공하려면 시장이나 산업 안에서 주도권(리더십)을 잡아야 한다.** 처음부터 주도권을 잡지 못하면 충분히 혁신적이라 할 수 없고, 그 결과 혁신이라고 할 만한 결과를 맺지 못할 것이다.

김대식 명쾌한 접근법입니다. 제가 아는 피터 드러커의 발언 중에 **'경쟁은 계속 다가오기 때문에 기다려선 안 된다'**는 말이 있습니다. 그와 관련해 **'미래를 예측하는 최선의 방법은 직접 미래를 창조하는 것'**이란 말이 흥미롭습니다. 저는 두 문장이 서로 관련되어 있다고 생각해요. 개인이든 회사든, 미래에 벌어질 일을 예측하고 혁신으로 나아가기 위한 최선의 방법은 본인 또는 회사에 가장 유익한 미래를 직접 창조하는 것일 테니까요.

바이스 그렇습니다. 앞서 우리의 대담에서 창조력에는 두 단계가 있다고 말했죠. 낮은 단계는 주어진 문제를 푸는 것이고, 그보다 높은 단계는 문제 자체를 발견하는 것이었습니다. 피터 드러커는 창조력의 높은 단계, 즉 문제 자체를 해결하는 능력을 말하고 있습니다.

김대식   피터 드러커가 말한 건 분명히 높은 단계의 창조력입니다. 미래를 예측하는 가장 좋은 방법이 미래를 창조하는 것이라는 드러커의 말은 **혁신을 만들어내기 위해선 선도적 역할을 맡아야 한다**는 얘기일 테니까요. 한국의 상황을 언급하면, (모두가 그런 것은 아니지만) 한국 회사 대부분은 선도하기보다는 재빠른 후발주자가 되려는 경향이 있습니다. 그들은 항상 기다립니다. 특히 일부 대기업은 회사의 창조력 관련 유전자에 재빠른 후발주자가 되려는 성향이 심어진 것 같아요. 이들 회사 경영진과 몇 차례 토론을 한 적이 있는데, 그들은 돈과 기술이 모두 있지만 개척자가 되고 싶지는 않다고 하더군요. 그들이 주장하는 바는 미래는 어디로 이동할지 알 수 없고 예측이 불가능하기 때문에 굳이 실패라는 재앙으로 마무리될 가능성이 있는 방향으로 먼저 가서 에너지를 낭비할 이유가 없다는 것입니다.

그래서 그들은 선발주자나 선구자가 시장에 들어가 소비자들의 피드백을 얻게 될 때까지 기다리는 게 낫다고 주장합니다. 소비자들의 반응이 고무적이면 그때부터 전속력으로 시장으로 뛰어들겠다는 거죠. 이처럼 선발주자로 나서지 않는 것이 지난 30년간 견지해온 회사 철학이었고, 그 기간 동안 그 방법이 효과적이었기 때문에 향후 30년까지도 그렇게 하겠다고 하더군요. 이에 대해 어떻게 생각하시나요?

바이스 　그 방법이 효과적인 건 시장에서 난관에 부딪힐 가능성이 작다는 아주 단순한 이유 때문입니다. 이미 성공을 거둔 아이디어나 프로젝트의 힘을 빌리는 거니까요. 제가 알기론 스타트업 중에서 성공하는 회사는 20퍼센트가 채 안 됩니다. 또한 기존 기업에서 주도하는 혁신적인 사업도 극소수만이 성공을 거두는 실정이에요. 재빠른 후발주자가 된다는 건 이미 그 일이 성공할 거란 걸 알고 시작하는 겁니다. 시장에서 성공 확률을 엄청나게 높일 수 있는데, 왜 시간과 예산을 낭비하느냐는 얘기겠죠.

우리가 잘 알고 있듯이 지금까지는 한국 기업들이 큰 성공을 거뒀죠. 이를테면 일본 기업들보다는 더 빠른 후발주자였으니까요. 하지만 문제는 시장 상황이 달라지고 있다는 겁니다. 이제는 선발주자들 역시 시장의 반응이나 변화에 충분히 빠르게 대응하고 있습니다.

김대식　지금 우리는 혁신에 대해 얘기하고 있잖아요. 그런데 비혁신적 마인드가 심어진 기업은 성공을 위한 최선의 방법으로 덜 혁신적인 길을 선택하는 상황인데, 이를 어떻게 바라봐야 할까요? 여전히 그들은 다른 혁신가들이 주도하기를 기다린 다음 빠르게 따라잡을 생각만 하고 있습니다.

바이스　아시다시피, 혁신가들의 성공 기간은 짧습니다. 그 아이디어는 후발주자들에 의해 경쟁 체제가 되니까요. 전자나 커뮤니케이션 산업의 사람들과 이야기해보면, 그들은 굳이 특허를 내지 않는다고 하더군요. 재빠른 후발주자들이 더 싼값에 일을 시작하기 전에 아이디어를 감추고 생산에 전력을 기울여야 하기 때문이라고 합니다. 그런 면에서 **특허를 내는 건 돈과 시간의 낭비라고 하더군요. 재빠른 후발주자들에게 아이디어를 주게 되니까요.**

김대식　그럼에도 불구하고 우리는 혁신적이어야 하는 이유에 대해 근본적인 이야기를 해야겠죠. 특히 전자 산업 분야가 그렇습니다. IT 산업의 특성은 기술 발전이 급격히 이뤄진다는 것입니다. 만약 기술 발전이 한 단계 한 단계 밟아나가는 식으로 이뤄지면, 후발주자들이 그 기술의 아이디어들을 금세 따라

잡거나 오히려 앞지르는 역습이 벌어지겠죠. 하지만 지금은 기술 발전이 워낙 급격히 이뤄지기 때문에, 그런 역습이 성공할 가능성이 작습니다.

원래 애플은 휴대전화를 만들던 회사가 아니잖아요. 2007년에 처음 모바일 분야에 진출했으니 이제 10년밖에 안 되었죠. 지난 10년 동안 전체 스마트폰 산업은 수천억 달러 규모로 성장했지만 벌써 하향세에 접어들었습니다. 지금의 포화 상태라면 앞으로 10년 내에 다른 신기술로 인해 사라질 위험도 있고요. 모바일 산업을 보더라도 기술의 변화 속도는 믿을 수 없이 짧습니다. 스마트폰 이후에 또 다른 무언가가 나타나 엄청난 성장세를 보인다면 관망하던 후발주자들이 이를 따라잡기 위해 부단히 노력하겠지만, 이전처럼 쉽게 따라잡지 못할 가능성이 높다는 거죠.

바이스 　그런데 그 무언가가 이미 나와 있습니다. 스마트 디스크온키(smart DiskOnKey)라는 건데요. 디스크온키는 USB 스틱으로, 컴퓨터라고 보시면 됩니다. 텔레비전에 꽂아서 사용할 수 있어요. 모니터로 사용될 것만 있으면, 이 스틱으로 영화 스트리밍을 비롯해서 무엇이든 할 수 있어요. 이 스틱은 안테나도 되고 기억장치도 됩니다. 한국 기업들도 이런 기술을 개발하고 있나요?

김대식 요즘 한국 기업들은 가상현실에 더 집중하고 있는 것으로 보입니다.

바이스 그렇군요. 가상현실을 편안하게 경험할 수 있는 여러 가지 방법을 연구하는 산업 역시 성공 가능성이 높죠. 가상현실을 위한 도구로, 일반적인 안경과 비슷한 장비를 개발 중인 회사가 이스라엘에만 최소 2곳이 있습니다. 대형 고글은 조만간 없어지겠죠.

김대식 미래 어느 시점에는 가상현실이 새로운 플랫폼이 될 거라는 데 모두가 동의하고 있습니다. 저도 비슷한 생각입니다. 하지만 아직까지는 거대한 스크린을 앞에 두고 가장 푹신한 좌석에 앉아서 가상현실을 경험한다고 해도 20분 정도만 지나면 불편해지더군요. 오큘러스나 삼성 기어 등 모든 종류의 가상현실 고글을 구입해서 반나절 정도 사용해봤는데, 정말 불편했습니다. 게다가 콘텐츠도 쉽게 구할 수 없었죠. 이용할 콘텐츠가 없는데, 이 새로운 기술로 뭘 할 수 있을까요?

바이스　　그건 우리가 다뤄야 할 또 하나의 문제입니다. 지금까지 기기에 대해서는 얘기했지만 콘텐츠는 고려하지 않았잖아요. 하지만 기기뿐만 아니라 서비스와 소프트웨어도 중요하죠. IBM은 기기를 만드는 회사였지만 지금은 주로 서비스나 앱 같은 것을 제공합니다. 여전히 컴퓨터를 생산하지만 이는 그 회사의 작은 일부분이 되었죠.

김대식　　그렇습니다. 아이폰이 유명해진 건 단순한 기기가 아니라 모바일 세상이라는 '생태계'를 창조했다는 이유 때문이죠. 이 지점에서 다시 피터 드러커를 돌아보게 되는군요. 그는 혁신하기 위해서는 미래를 창조하라는 말을 했죠. 하지만 이제는 **하나의 회사가 미래 전체를 창조하는 건 불가능하다는 주장도 나오고 있습니다. 하나의 기기로는 환경적 차이를 만드는 게 불가능하기 때문이죠.** 예를 들어, 자동차 한 대가 차이를 만들지는 못합니다. 서비스, 콘텐츠 등 전체 생태계가 연결되고 있으니까요. 이것이 의미하는 것은 **미래를 창조하려면 함께 미래를 만들어갈 수 있도록 다른 사람들을 설득해야 한다는 점입니다.**

바이스　　혹은 구글이 하는 것처럼 관련 업체를 사들이는 방법도 있죠. 구글은 최근 미국의 첨단 로봇회사들을 사들이고 있어요.

김대식　제가 알기론 구글에서 지난 2년여 동안 보스턴 다이
내믹스(Boston Dynamics)를 포함해서 로봇 분야 회사 9개를 인
수했습니다. 보스턴 다이내믹스의 인간형 로봇을 담은 비디오
를 보셨나요? 이 아틀라스 로봇은 마치 인간처럼 놀랍도록 완
벽하게 작동하더군요. 비디오를 보면 한 트레이너가 하키채로
로봇을 밀거나 방해하는 행동을 하는데, 이 휴머노이드 로봇은
그에 맞서 제 역할을 해내죠. 전 로봇의 진화에 놀랐고, 비디오
속 그 사람이 걱정되더군요. 미래의 어느 날 로봇이 그 사람에
게 좋지 않은 일을 꾸밀 수 있으니까요.(웃음)

바이스　로봇이 기억을 갖는다면, 더 나아가서 집단 기억을
갖게 된다면 인간에 대한 역습도 가능하겠죠. 현재 몇몇 회사
가 미래를 창조하는 방식으로 일하고 있는데, 그중 하나가 구
글이죠. 아마존과 페이스북도 그런 회사입니다.

어떤 미래를 창조할 것인가

김대식   여기서 질문 하나를 드릴게요. 교수님이 구글이나 아마존, 페이스북을 이끌게 되어 수십억 달러를 투자할 수 있다면, 어떻게 미래를 창조하실 건가요?

바이스   좋은 질문입니다. 계획된 미래를 실현하려면 그에 필요한 생태계를 만들어내야 합니다. 저라면 생태계를 만드는 데 주력할 겁니다. 하지만 그게 가능할지 잘 모르겠네요. 생태계를 만들려면 기존과는 사고방식 자체가 완전히 다른, 다양한 지식 분야가 살아 숨 쉬어야 하기 때문이에요.
그런데 지금은 누군가 혁신적인 무언가를 개발하면 대기업에 팔리거나 빨려 들어가는 식으로 진행되잖아요. 보스턴 다이내믹스 같은 큰 회사 역시 그랬고요.

김대식   그런 시장 상황에 대한 교수님의 개인적인 의견이 궁금하네요. 제게는 실리콘밸리에 있는 친구가 많은데요. 그들이 혁신적인 회사를 만드는 목적에는 결국 구글 같은 거대 기업에 회사를 파는 것도 포함되어 있다고 솔직하게 말하니까요.

바이스   그게 바로 출구 전략이죠.

김대식   하지만 그건 출구를 선택하는 것일 뿐 스스로 세상
을 바꾸고자 하는 건 아니죠. 미래를 창조하는 것도 아니고요.
그저 실용적인 탈출 전략에 불과합니다. 저는 사실 이런 현실
이 불편합니다.

바이스   지금 지적하신 부분이 우리가 논의하고 있는 주요
문제 중 하나예요. 최근 들어 이스라엘에서도 스타트업을 시작
한 많은 사람이 출구를 찾고 있습니다. 다시 말해 회사의 가치
가 수천만 달러에 이르면, 회사를 더 성장시키면서 미래 가치
와 일자리를 창출하려 하지 않고 그냥 팔아넘기려고 하죠.
그와 반대되는 좋은 사례도 있긴 합니다. 50년 전에 차고에서
사업을 시작한 이스카(Iscar)는 회사가 성장할 때까지 독립성을
유지했어요. 나중에 워런 버핏(Warren Buffet)이 이 회사를 40
억 달러에 인수했는데 고용을 유지하는 조건이 포함되어 있었
죠. 디스크온키 USB 스틱을 발명한 사람도 성숙기에 접어들
때까지 회사를 계속 키웠어요. 이후 샌디스크(SanDisk)에 회사
를 넘길 때까지 그런 노력을 멈추지 않았습니다. 그러나 이런
예는 소수에 불과합니다. 지금은 모든 게 대자본을 가진 글로

벌 마켓에 휘둘리고 있어요.

이런 상황에서는 **좋은 아이디어를 갖는 것만으로, 또 그 아이디어를 발전시키는 것만으로는 충분치 않아요. 그 아이디어를 시장에서 성공시켜야 하죠.** 이런 현실에서 구글의 행보를 한 번쯤 살펴볼 필요가 있어요. 제가 구글이 천재적이라고 생각하는 부분은 자사가 지닌 엄청난 통계 자료를 바탕으로 무엇이든 그 즉시 제대로 분석해낸다는 점입니다. 무엇이 성공할 것인지 또는 성공할 잠재력을 갖고 있는지를 분석할 수 있고, 그걸 바탕으로 시장의 아이디어를 구입하는 거죠.

김대식　교수님께서 말씀하신 사례처럼 사업가는 수년 동안 열심히 일하고 제품을 만듭니다. 그러면서 사업이 본궤도에 오르면 모든 성패의 가능성을 염두에 두고 경영법을 고민하면서 회사를 더 크게 성장시킬 것인지, 아니면 수십억 달러를 받고 은퇴할 것인지를 선택하게 되죠.

바이스　**문제는 수십억 달러의 가치가 있는 회사들이 거대 복합기업에 인수되면 더 이상 독창성을 추구하지 않고 경직되기 시작한다는 데 있습니다.** 이를 아는 거대 복합기업은 끊임 없이 스타트업을 인수합니다. 새로운 아이디어들은 스타트업에서 나오니까요.

김대식   그게 바로 제가 논의하고 싶었던 문제입니다. 한편에서는 놀라울 정도로 혁신적인 개인이나 회사가 엄청난 가치를 창출하고 있잖아요. 하지만 그들 대부분의 최종 목표는 회사를 비싼 가격에 넘기는 것이죠. 결국 거대 복합기업의 톱니바퀴 역할을 하는 셈입니다. 개인적인 측면에서는 충분히 이해할 만한 일이고, 그렇게 하라고 부추길 생각도 있습니다. 그런데 사회적 측면에서 보면 결과적으로 창조적인 사람들의 잠재력이 낭비되고 있는 거잖아요. '혁신의 덫'이란 말이 떠오르네요. 우리는 그 어느 때보다 혁신에 대해서 많이 이야기하지만, 정작 점점 더 혁신과는 거리가 멀어지고 있는 것 같아요.

바이스   맞습니다. 제 학생들도 기업가 정신에 대한 수업을 듣더라고요. 오늘날에는 거의 모든 사람이 출구 전략을 추구하고 있습니다. 아예 초기부터 전략적 파트너를 찾기도 하죠. 하지만 이런 안전장치만 생각한다는 것 자체가 이미 창조성과는 멀어지고 있다는 걸 의미합니다.
이 문제를 다른 측면에서 봐야 할 필요도 있을 거예요. 실제로 어떤 기업이나 산업 분야에서는 다음 세대의 제품을 항상 염두에 두고 있어야 해요. 실제 제품일 수도 있고, 서비스나 아이디어 같은 것일 수도 있겠죠. 하지만 대기업은 물론이고 거의 모든 스타트업이 다음 제품에 대해서는 고려하지 않아요. 현재 지닌 아이디어를 팔겠다는 생각부터 하기 때문이죠. 그러면서 출구 전략이 먹히면 다시 돌아가서 다른 일을 하겠다는 말을 하죠. 하지만 앞에서도 언급했듯 그들이 회사를 꾸준히 발전시키지는 않잖아요. 결국에는 스타트업들이 기업에 모두 흡수되고, 거대 복합기업만 남게 될까 걱정입니다. 한국도 그런 방향으로 가고 있지 않나요?

김대식 현재까지는 그런 방향성을 보이고 있습니다. 한국의 대기업들이 대규모 인수에 나서고 있거든요. 삼성의 경우 주로 미국 캘리포니아 주 팰로알토와 이스라엘 하이파에 있는 스타트업들을 눈여겨보고 있더군요.

바이스 그런 과정이 반드시 부정적이지는 않습니다. 대기업들이 스타트업을 많이 인수함으로써 조금이나마 혁신성을 유지할 수 있기 때문이죠. 스타트업의 아이디어를 받아들이거나, 자신들의 계획에 장애가 되면 '제거하는' 방식으로 말입니다. 이를테면 창조력을 아웃소싱(외주)하는 거죠. 아쉬운 대로 말입니다.

김대식　　이것은 정말 중요한 주제입니다. 좀 더 큰 그림으로 이 상황을 보죠. 과학 능력과 혁신 능력을 동시에 지닌 사람이 그렇게 많지는 않을 거예요. 현실적으로 대부분은 아마도 유명한 기술과학대학 출신일 테죠. 그런데 그들 모두가 사진 공유 앱 같은 걸 개발하는 데만 몰두한다고 해보죠. 그들은 그 앱을 개발해서 적정 시점에 회사를 거대 기업에 넘기겠죠. 그러면 무슨 일이 벌어질까요? 인류가 큰 꿈을 꾸더라도, 결과적으로 그것을 실현할 사람이 사라지게 되는 것입니다.

스타트업에 성공한 젊은이가 3~4년 동안 열심히 연구 개발한 아이디어를 거대 기업에 팔아넘깁니다. 그러고는 같은 과정을 반복하겠죠. 이는 근본적으로 새롭지는 않아도 누군가에게는 팔릴 아이디어를 만들어내는 식입니다. 그러다가 30대가 되고 또 40대가 될 겁니다. 그렇게 되면 인류가 가지고 있던 혁신의 잠재력은 결과적으로 거대 기업의 작은 기어를 생산하는 데 낭비되는 셈입니다. 말하자면 암치료 방법을 개발하고 우주의 비밀을 밝혀내야 할 인재들이 어처구니없는 앱 개발을 하고 있는 겁니다. 저는 그 점이 많이 걱정돼요.

바이스　　저 역시 그런 걱정을 합니다만, 혁신적인 사람에겐 자연스러운 일일 수 있습니다. 우리가 앞서 이야기했듯이 혁신적인 사람들은 대개 큰 조직에서 잘 지내지 못합니다. 그 조직이 혁신가를 대우할 만한 특별한 구조를 지니지 않았다면 말입니다. 그래서 조직은 어느 정도 규모에 이르면 관리 전문가를 두어야 합니다. 제조나 광고 마케팅, 고객 서비스에 이르는 다양한 업무를 제대로 처리해야 하니까요. 사실 혁신적인 사람들은 이러한 업무를 좋아하지 않죠.

몇 년 전 스타트업 지원 업무를 하는 이스라엘 정부 부처의 공무원들과 토론했던 기억이 나네요. '스타트업이 어느 정도 규모가 되었을 때, 창업자가 경영자 자리에서 물러나는 게 좋은가'에 관한 토론이었어요. 토론의 결과는 우리가 이전 장에서 논의한 것과는 달랐습니다. 직원 수가 10명이 넘으면 전문 경영인을 두고 창조적인 사람은 물러서야 한다는 게 결론이었죠. 그런데 그 단계에서 창업자가 물러나야 한다면, 회사를 팔지 않을 이유가 없겠죠. 그의 선택은 회사를 파는 쪽일 겁니다. 그러니 규모가 커지면서 창업자의 역할이 바뀌더라도 창업자의 혁신이 유지될 수 있고 어떤 지위가 보장되어야 합니다.

당시 토론 중 안타까운 얘기가 또 있었어요. 대기업들이 아이디어 자체를 없애기 위해 작은 회사들을 인수하는 경우도 있다는 것입니다.

김대식   앞서 잠깐 얘기가 나왔듯이 잠재적 경쟁을 제거하는 거네요?

바이스   작은 회사들의 아이디어가 기존 산업을 무너뜨릴 수 있기 때문이죠. "번개는 숲에서 가장 높은 나무를 친다"는 격언이 있어요. 사람이 너무 도드라지면 그에게 어떤 일이 벌어질지 모릅니다. 창조력을 지닌다는 건 개인에게 더할 나위 없이 좋은 일이지만, 그로 인해 번개를 맞는 일이 생깁니다. 그러니 **스타트업이 계속 성장하려면 생태계 안에서 자리 잡을 수 있도록 보장하는 시스템이 있어야 할 겁니다. 요즘에는 산업 인큐베이터라고 불리죠.**

대학에는 그런 방식이 있잖아요. 프랑스 국립과학연구센터(CNRS)나 독일의 프라운호퍼연구소의 경우, 창조적인 사람이 대학 안에서 자신의 아이디어를 독립적으로 발전시킬 수 있도록 지원하는 프로젝트를 진행하고 있습니다. 그만큼 성과를 거두고 있고요.

김대식   유익하고 중요한 말씀이네요. 우리는 미래를 창조하는 법에 대한 이야기를 시작하면서 곧바로 큰 함정을 발견했습니다. 육중한 고릴라 같은 거대 기업과 협력하지 않으면 미래를 창조하는 것이 점점 더 어려워지고 불가능해진다는 사실이었죠. 아니면 그들 고릴라에게 잡아먹히는(인수되는) 거고요. 그러므로 창조적인 생태계를 만드는 일이 어느 때보다 중요할 겁니다. 다음 장에서 그 내용을 집중적으로 논의하도록 하죠.

바이스　네. 한 가지 미리 얘기하면, 미래를 제대로 창조하려면 자신의 사업 영역이 속한 전체 생태계를 교란해야 한다는 점입니다. 그러기 위해선 뛰어난 아이디어와 훌륭한 프로젝트, 기발한 운영 방법들이 나와야 하고 이것들을 생태계 안으로 끌고 와야 할 거예요.

7장

인류, 창조적 모험을 권장하다

창조력이 제대로 발현되려면 먼저 창조적 생태계가 조성되어 있어야 한다. 이스라엘에서는 1989년 이후 정부 주도의 많은 창조력 지원 프로그램이 시작되었다. 이스라엘이 오늘날과 같은 '창업국가'로 발전할 수 있었던 것은 역사적 위기를 기회로 만든 점이 바탕이 되었다고 할 수 있다.

환경이 안정되면 동물은 진화를 멈추거나 늦춘다. 그러다 소행성 충돌 같은 사건이 벌어져서 공룡들이 그러했듯 멸종하고 나면, 진화가 급격하게 이루어진다. 이처럼 진화 과정에는 도약기와 침체기가 있다. 창조력도 이와 비슷하다고 할 수 있다. 모든 것이 제대로 기능하고 있다면, 창조력에 대한 욕구가 별로 없을 것이다. 예컨대 두뇌를 혹사하지 않고도 넉넉한 급여를 받을 수 있는 기회가 많아질 테니 말이다. 이는 아예 사라지는 게 아니라 줄어든다는 얘기다. 창조력을 이끌어내기 위해서는 자극을 비롯해 '외부 효과'가 필요하다.

한국이나 이스라엘은 주변국에 '끼인' 현실적 위치에서 창조적 생태계를 꾸려야 한다. 창조적 생태계라는 건 외부에 따로 존재하는 독립적인 개체가 아니다. 그래서 지리적 여건과 창조적인 생태계는 상호작용할 수밖에 없다.

우연성과 필요성의 동거

김대식　이 장의 주제는 창조적인 생태계를 만드는 일에 관한 이야기입니다. 이미 우리는 지난 대화에서 창조적 생태계와 관련된 많은 이슈를 다뤘습니다. 이스라엘의 경험에 비추어볼 때, 교수님은 창조적인 생태계를 위한 필수 요소가 무엇이라고 생각하십니까?

바이스　이 주제는 몇 가지 방향으로 분리해서 이야기해야 할 것 같군요. 무엇보다 먼저 짚어야 할 부분은 실패를 대하는 너그러운 문화겠죠. 이를 넓게 해석하면, **'모험을 허용하고 권장하는 문화'**가 될 테죠. 대표적으로 '자금' 문제를 예로 들 수 있습니다.

김대식　흥미로운 말씀이군요. 자금은 그동안 우리가 나눈 대화에는 등장하지 않았던 요소니까요. 그 부분에 대해서는 나중에 다루기로 하고, 질문을 하나 드리겠습니다. 우리가 대화를 시작한 이유 중 하나는 이스라엘과 한국이 겪어온 창조력과 관련된 경험들을 비교하고 공유하기 위해서입니다. 최근까지 이스라엘은 창조적인 생태계를 형성하는 부분에서 큰 업적을 이뤄왔습니다. 이런 결과가 정부나 사회 차원의 계획된 지원 하에 이루어진 것인지, 아니면 우연한 산물인지 궁금합니다.

바이스　　일단 계획되었던 것이라고는 생각하지 않습니다. 이스라엘의 창조적 생태계가 몇몇 큰 규모의 결정으로 인해 형성된 건 아니니까요. 오히려 계획되지 않았던 몇몇 대규모 사건으로 인해 나타난 결과죠.

앞서도 얘기했지만 좀 더 자세히 설명하자면, 첫 번째 사건은 1967년 프랑스의 무기 수출 금지령이었습니다. 당시 발발한 6일 전쟁 이후 프랑스는 이스라엘에 그런 조치를 결정했죠. 그로 인해 이스라엘의 엔지니어와 과학자들이 매우 창조적이 되어야 했습니다. 자국 방어를 위해 그전까지는 해외에서 구입했던 무기와 비행기, 커뮤니케이션 및 감청 장비들을 스스로 고안해야 했으니까요. 그것이 하나의 계기였고, 결과는 매우 성공적이었습니다. 남에게 의존하던 이스라엘 사람들, 특히 엔지니어들이 창조력과 관련해 더 많은 훈련이 필요하다는 걸 깨달았다는 점에서 이는 중요합니다. 일례로 테크니온 대학은 최고 수준의 필요에 맞춰 최고 수준의 결과를 얻기 위한 교육 방식, 즉 독일 공과대학과 같은 방향으로 움직이기 시작했어요. 그 과정에서 최고의 공학 계열 교수들을 대거 채용했고, 이후 창조적인 대학으로 발돋움할 수 있었죠.

두 번째 계기는 1989~1990년, 베를린 장벽이 무너지면서 나타났습니다. 당시 소비에트 연방의 뛰어난 과학자와 엔지니어들이 이스라엘로 유입되었거든요. 이스라엘은 그들에게 일자리를 마련해줘야 했습니다. 새로운 스타트업과 정착 환경을 정부에서 지원해줬습니다. 상공부에서 몇몇 이민자 프로그램을 만들어 예산을 투입했는데, 그 일환으로 뛰어난 이민자 집단을 위한 소규모 스타트업과 중소기업을 지원했어요. 또 소비에트 연방에서 온 창조자들이 자신들의 아이디어를 적극 활용할 수 있도록 지원했어요. 그들은 위계가 확실한 방식, 즉 독창성을 발휘할 수 없는 방식으로 훈련된 사람들이었어요. 그런 면에서 독창성과 아이디어를 독려하는 이스라엘의 지원 방식은 그들에게 굉장히 흥미로운 환경이었죠.

다른 방식이 있다는 걸 깨달은 이민자들은 점차 다른 이민자들을 재교육하거나 이스라엘의 청년들을 교육하게 되었죠. 이런 과정을 거치는 동안 정부로부터 필요한 지원을 받았고, 결국 이스라엘이 첨단 기술 쪽 스타트업의 물결을 일으키는 데 중요한 역할을 했습니다.

김대식　　이스라엘이 스타트업 국가가 된 데에는 우연한 사건과 그로 인한 필요의 자각이 연결되어 있군요. 한 가지 궁금한 점이 생깁니다. 당시에 정부를 비롯해 사회적으로 "지금부터 우리의 계획은 스타트업 국가로 나아가는 것이다"라는 식의 결정을 내린 순간이 있었나요?

바이스　　'스타트업 국가를 세우자!' 같은 거창한 슬로건을 내세우진 않았지만, 1989년 이후 정부 주도의 많은 창조력 지원 프로그램이 시작되었어요. 재능 있는 사람들에게 일자리를 찾아주기 위한 프로그램이었죠. 이를 위해 세법과 지원법 등이 대폭 수정됩니다. 앞서 자금 얘기를 잠깐 했습니다만, 당시 이스라엘에는 마그넷(Magnet)이라는 프로그램이 있었어요. 이 프로그램은 회사나 대학의 어떤 그룹이 과학기술 영역의 아이디어를 제시하고 합리적인 비용을 들여 이를 개발할 수 있다면, 정부가 그 비용의 3분의 2를 지원하는 것이었습니다. 3분의 1은 스스로 해결해야 했지만, 대학의 연구에 관해서는 최소 10

퍼센트 이상의 자금을 지원했기 때문에, 이들은 많은 자금을 조달해야 하는 부담 없이 창조적인 연구에 집중하면 되었습니다. 앞서 말한 소비에트 연방 출신의 이민자들에게는 초기 스타트업 창업 자금의 6분의 5를 지원했지요. 이 프로젝트는 시간이 지나면서 상업적으로도 상당한 효과를 거뒀습니다.

김대식 흥미롭네요. 창업 붐이 일던 시기도 아닌데 그런 전폭적인 지원이 있었다니 놀랍네요. 요즘은 모두들 스타트업 인큐베이팅에 대해서 이야기하지만, 그보다 훨씬 전의 일이니까요.

바이스 그렇죠. 그런 지원 프로그램이 현재의 인큐베이팅 방식으로 발전한 겁니다. 앞서 말씀 드린 대로 이스라엘은 1980년대 중후반에 또 다른 위기를 맞습니다. 대규모 위기는 아니었지만 충분히 고통스러운 것이었죠. 자체 개발하던 라비 초음속 전투기 프로젝트가 중단된 겁니다. 이를 두고 "괜찮아. 여러 분야의 회사가 참여한 국가적 프로젝트이긴 했지만 그것도 결국은 하나의 프로젝트일 뿐이잖아"라고 말하는 쪽도 있었겠죠. 하지만 그 일은 '아무 소용없어. 어차피 중요한 기술은 해외에서 들여올 건데 우리가 개발할 필요가 있겠어'라는 패배자 의식을 불러오기도 했습니다. 그런데 중요한 것은, 라비 프로젝트의 중단 이후 정부가 연구 개발 분야에 대한 지원을 더 적극적으로 하게 됐다는 겁니다.

김대식　지금 말씀은 잘 이해되지 않는군요. 정부가 라비 프로젝트를 중단한 사실과 이후 연구 개발 분야에 보다 적극적인 지원을 시작했다는 사실이 어떻게 연결되나요?

바이스　국가적 프로젝트였던 라비 프로젝트가 중단되면서, 정부와 회사가 동의했던 부분이 있었습니다. 투입이 중단된 자금을 다른 분야의 연구 개발에 투자하기로 한 겁니다. 특히 창조적 산업에 투자하기로요.
라비 프로젝트는 그냥 사라진 게 아니었던 거죠. 그런데 그 직후에 인티파다(Intifada, 팔레스타인 사람들의 반(反)이스라엘 운동. 1987년 1차 봉기를 시작으로 오늘날까지 계속되고 있다-옮긴이)가 일어났어요. 인티파다가 시작되면서 정부의 지원금은 경찰력과 방위력에 투입되고 말았지요.

김대식　그렇군요. 창조적 산업 분야에 기대만큼 투자되지는 못했겠네요.

바이스　그래도 제법 많은 예산이 창조적 산업 지원에 투입 되었어요. 추가적인 프로그램들도 새로 시작되었고요. **스타트 업 국가의 시작이 계획된 것이 아니라 위기를 맞이하면서 시작 되었다는 점을 강조하고 싶네요.**

김대식　알겠습니다. **위기를 기회로 만들면서 반사이익을 얻 은 셈이네요.** 교수님은 결과적으로 라비 프로젝트가 중단된 게 잘된 일이라고 보시나요?

바이스　글쎄요, 섣불리 말하기는 어렵습니다. 그 프로젝트가 계속 진행되었다면 그와 관련한 분야에서 엄청난 창조력이 생 겨났을 테니까요. 특정 산업의 성과로 인해 다양한 기술 분야 에 긍정적인 효과를 미쳤을 겁니다. 커뮤니케이션 시스템, 광학 전자 시스템, 제조업 등에서 말이죠. 하지만 당시에는 창조력의 효과가 특정 산업 분야에 그쳤다는 점을 인정해야 합니다.

김대식　중단 결정은 누가 내린 건가요? 연구자와 개발자들 사이에서 자연스레 결정된 건가요? 아니면 정부의 고위층이 지시해서 내린 결정인가요?

바이스   둘 다죠. 위에서 아래로 아래에서 위로, 두 방향 모두에서 제시되었어요. **다시 한 번 말씀 드리지만, 이스라엘에선 직위와 상관없이 누구나 발전을 위한 제안을 할 수 있어요.** 그래서 대부분 아이디어의 제시는 위에서 아래로 또는 아래에서 위로처럼 일방향으로 이뤄진다고 말하기는 어렵습니다. 혼합적 평등 형태라고 할 수 있죠.

김대식   저도 연구 개발 정책 등과 관련을 맺고 있기 때문에 방금 하신 말씀은 정말 흥미롭네요. 제가 봤을 땐 한국에서는 연구 개발 분야 종사자와 정부 관료 사이에는 분명한 선이 있는 듯합니다. 서로 협력하지 못하고 위계적인 관계를 형성하고 있어요. 그러다 보면 예산과 시간을 낭비하는 결과가 생길 수 있죠. 사실상 연구자들에겐 의사 결정의 권한이 거의 없습니다. 이 둘이 서로 생산적인 아이디어를 내면서 지속적으로 방향을 잡아가는 위원회를 본 적이 없습니다. 우리가 배워야 할 점이라고 생각해요.

바이스   그렇죠. 하지만 이스라엘 역시 안타깝게도 소통의 '동맥경화증'이 생겼어요.

김대식　연구 개발 분야 종사자와 정부 관료들 사이에 의사소통이 제대로 안 되고 있다는 말씀인가요?

바이스　최근 들어 특히 심해졌습니다. 심지어는 스타트업 국가의 종말을 이야기하는 사람까지 있을 정도예요.

창조력, 동맥경화증에 걸리다

바이스　분명한 건 그들의 관계가 1990년대만큼 유연하지 않다는 점입니다. 인간의 본성 혹은 관료제의 속성을 고려했을 때, 시간이 흐를수록 유연성을 잃어버릴 가능성이 높고, 그러면 소통은 경직될 수밖에 없죠.

김대식　소통 문제를 말씀하시면서 동맥경화증이라는 비유를 쓰셨는데요. 한국은 전체적인 사회 분위기가 경직되어 있는 듯합니다. 실리콘밸리와 샌프란시스코의 분위기는 그 지역을 넘어 캘리포니아 전체에 생기를 불어넣잖아요. 다시 말해 지역의 전반적인 문화가 실리콘밸리를 더욱 풍성하게 해주고, 거꾸로 실리콘밸리가 캘리포니아 전역에 긍정적인 영향을 주기도 하죠. 이렇듯 전체 사회와 그에 속한 공동체 사이에는 상호 연관성이 있습니다. 한국처럼 위계적이고 구조화된 사회에서는 누가 "자, 이제 새로운 상황에 적응해봅시다. 모두 샌들을 신고 다녀요"라고 말한다고 해서 어떤 변화가 생길 것 같지는 않아요. 사회 전반적인 제약 때문에 개별의 개방성과 유연성이 보장되지 않는다면 진짜 유연한 창조 산업을 형성해내기는 어렵다고 생각해요.

바이스　　심혈관에 계속 비유하자면, 동맥 활동을 원활하게 유지하는 해결책이 있습니다. 새로운 것을 이식하고 유입하면, 늘 원활하게 유지할 수 있어요. 하지만 그럴 수 없다면 관료제는 더욱 기승을 부리게 되겠죠.

김대식　　결국 창조 정신을 유지하기 위해서는 시스템에 어떤 충격을 주어야 한다는 지적이시군요. 그렇지 않으면, 모든 것이 자연스럽게 굳어지기 시작할 테니까요. 저도 전적으로 동의합니다. 미국은 새로운 재능을 가진 인재를 끌어들여서 큰 이득을 누리고 있습니다. 과거 이스라엘은 러시아 이민자들과 다른 지역의 유대인들 그리고 디아스포라에서 돌아온 이스라엘인들로 인해 이익을 누린 것 같고요. 최근 동유럽 이민자들이 유입된 독일도 그런 이득을 얻고 있는지는 모르겠네요. 그런데 이제 그런 인재의 이동은 끝난 것 같습니다. 한국의 경우 그런 유의 이민자들이 밀려들었던 적이 없었고요. 그러면 한국은 무엇을 할 수 있을까요? 스타트업을 개방해서 수백만의 이민자들을 받아들여야 할까요? 현재 독일이나 다른 유럽 지역을 보면 그것이 해결책인 것 같지는 않습니다.

바이스 지금의 해결책은 아닙니다. 특히 최근 이민자들은 자신들 고유의 문화를 유지하려고 애를 쓰지요. 하지만 인재 수용과 관련해서 할 수 있는 다른 일이 있습니다. 중국은 해외에 있는 중국인 인재들을 끌어들이기 위해 노력하고 있잖아요. 한국도 해외 소재의 자국 인재들을 모으는 제안을 해야겠죠. 교수님 같은 이민자 인재들을요.

김대식 제 생각엔 한국도 지난 20년 동안 그렇게 해왔습니다. 이민자들은 여러 제약에도 불구하고 한국의 시스템을 유지하기 위해 노력한 걸로 압니다. 그런데 해외에 나가 있는 한국인의 수가 그리 많지는 않습니다. 또 이런 인재들이 고국으로 돌아오기만을 기다릴 수도 없는 노릇이죠. 더구나 시간이 지날수록 젊은 세대들은 귀국하려는 마음을 점점 접고 있는 듯합니다. 미국 등지에서 한국과 비슷하거나 더 나은 라이프스타일을 누리고 있는 경우에는 특히 더 그렇고요.

바이스　　그렇군요. 이스라엘 역시 요즘 들어 또 다른 문제가 나타나고 있습니다. 이곳에는 집이나 아파트를 꼭 소유하려는 전통이 있는데요. 부동산 가격이 너무 비싸서 집을 살 수 없기 때문에 이 나라를 떠나는 사람들이 늘고 있어요.

김대식　　정말인가요? 그렇게 심각합니까?

바이스　　네. 점점 더 심각해지고 있어요. 그런데 흥미로운 건 많은 사람이 독일로 이주했다는 사실입니다. 독일의 부동산 가격이 상대적으로 낮기 때문이죠. 실제로 많은 이스라엘인이 베를린에 집을 마련했습니다.

김대식　　그렇군요. 조심스럽게 여쭤보겠습니다. 나치즘이 발호한 베를린에 집을 사는 것에 대해 사람들이 느끼는 감정은 어떤가요? 이스라엘인에게 베를린은 그저 평범한 도시가 아닐 텐데요.

바이스　　이스라엘인에게 독일은 평범한 나라가 아니고, 베를린 역시 평범한 도시가 아닙니다. 하지만 30대나 40대의 젊은 세대는 독일에 대해 불편한 감정이 없습니다.

김대식　　이른바 역사의 짐이 가벼워진 것이겠죠.

경쟁력을 갖추려면

바이스　　그렇겠죠. 또한 지금의 독일은 웬만한 나라보다 훨씬 더 민주적이잖아요. 다시 주제로 돌아가면, 유연성이 지속되는 건 진화 과정과 비슷하다는 생각을 합니다. 환경이 안정되면 동물은 진화를 멈추거나 늦추잖아요. 그러다 소행성 충돌 같은 사건이 벌어져서 공룡들이 그랬듯이 멸종하면, 진화가 급격하게 이뤄지죠. 즉, 진화 과정에는 도약기와 침체기가 있습니다. 창조력도 이와 비슷하다고 생각해요. **모든 것이 제대로 기능하고 있다면 창조력에 대한 욕구가 별로 없겠죠. 아예 사라지는 게 아니라 줄어든다는 얘기입니다. 두뇌를 혹사하지 않고도 넉넉한 급여를 받을 수 있는 기회가 많아질 테니까요. 창조력을 이끌어내기 위해서는 자극을 비롯해 '외부 효과'가 필요합니다. 외부**

효과 중에 자금을 예로 들까요. 자금과 관련해서 주요 문제는 투자 수익이 최대가 되는 지점을 찾는 일이겠죠.

예를 들어 이스라엘의 커뮤니케이션 산업은 군의 요구에 의해 시작되었지만, 휴대전화나 인터넷 등 일상에 필요한 칩의 개발 덕분에 크게 발전했습니다. 생물약제학 산업의 경우에는 부분적으로 성공을 거뒀습니다. 몇 가지 새로운 의약품이 개발되었는데, 초기 단계에서 개발 및 판매 권한이 해외로 넘어간 게 아쉽긴 합니다. 결과적으로는 큰돈을 잃은 셈이 되었죠. 현재 이스라엘은 국가적 차원에서 로테크(low tech) 산업을 성장시키려는 노력을 하기 시작했습니다. 고전적인 낡은 산업들을 로봇공학이나 자동기계장치 산업 등 차세대 산업으로 변모시키려는 거죠.

김대식　평범한 중소 산업을 현대식 산업으로 개선하려는 독일식 모형을 따라 이스라엘도 미텔슈탄트(Mittelstand, 독일의 강소기업으로, 제2차 세계대전 이후 첨단 제조업을 시작으로 독일의 경제 성장을 이끌어왔다-옮긴이)를 세우려고 하는 건가요?

바이스　꼭 그런 것만은 아니에요. 저는 미텔슈탄트가 창조력을 대표하는 사례는 아니라고 생각합니다. 물론 독일 중소기업들은 전문성으로는 세계 최고죠. 예를 들어 제가 어떤 프로젝트에 사용하기 위해 전기 모터를 몇 개 샀는데 모두 같은 회사의 제품이었습니다. 독일 회사들은 전문적으로 특화된 제품 생산에 강점을 보입니다.

김대식　　그렇죠. 한국 경제의 큰 문제 중 하나는 다양한 경쟁력을 가진 미텔슈탄트가 없다는 것입니다. 몇몇 거대한 글로벌 기업만 있을 뿐이죠.

바이스　　그렇다면 그런 소규모 업체들이 생존할 수 있도록 지원하는 방법을 찾아야 할 겁니다. 제대로 지원하지 않는다면, 중국과 베트남 등에서 저렴한 비용으로 많은 제품을 생산하는 상황에서 작은 업체들이 살아남지 못할 거예요.

김대식　　맞습니다. 지금은 악순환이 거듭되는 상황이에요. 작은 업체들은 규모가 작아서 연구 개발에 투자할 자금이 충분치 않고, 결과적으로 그들이 생산하는 제품 역시 최고 수준에 다다를 수 없습니다. 결국 가격 경쟁에 내몰리는데 가격 면에서 중국이나 베트남과 비교해 시장 경쟁력이 떨어지다 보니 사업이 실패할 수밖에 없죠. 더구나 임금 수준도 높은 편이라 재정적인 어려움이 거듭되고요. 이런 과정이 되풀이되고 있어요.

바이스　이런 악순환에 대한 새로운 해결책은 독일의 프라운호퍼연구소 같은 걸 세우는 겁니다. 예를 들어보죠. 창문틀을 생산하는 작은 회사가 있다고 가정해보세요. 그 회사는 새로운 창문틀에 대한 아이디어를 프라운호퍼연구소와 함께 모색합니다. 결국 여러 방향에서 열거나 닫을 수 있는 창문을 개발하면서 충분한 경쟁력을 얻었습니다. 이렇듯 **좋은 아이디어가 있으면 정부나 산업 협회 같은 기관에서 설치한 연구소를 통해 제품 최적화와 상업화를 위한 도움을 받는 겁니다.** 물론 무상으로 제공되는 건 아니죠. 회사도 어느 정도 비용을 지불해요. 그렇지 않으면 이런 일을 진지하게 생각하지 않을 수 있기 때문이죠.

김대식　정부에서 소규모 회사들을 위해 연구 개발을 외주로 맡기는 방식이군요.

바이스　네. 현재 이스라엘에서도 그런 협력 모델을 논의 중이죠.

김대식　좋은 기획이라고 생각합니다. 윈윈하는 거죠. 프라운호퍼연구소 같은 기관은 작은 회사들과 일을 같이하면서 실용적인 경험과 전문성을 보강할 수 있겠죠. 각각의 작은 회사는 독자적으로 최첨단 연구를 수행할 수 없기 때문에 전문 기관으로부터 아이디어를 얻는 거고요. 또한 구조적인 인프라는 정부에서 마련해주기 때문에, 회사는 그에 대한 비용을 따로 지불할 필요가 없을 테죠. 작은 회사에서 자체적으로 연구 개발 분과를 두려고 하면, 사무실이나 실험실 공간의 확보부터 시작해서 인력 고용 등 여러 가지 투자를 해야 합니다. 엄청난 비용이 들겠죠.

바이스   맞습니다. 작은 회사들은 뭘 해야 할지 제대로 알고 있더라도 스스로 기술적인 도약을 이룰 여력이 없어요. 알루미늄 사다리를 만들던 한 회사가 생각나네요. 사다리에 대한 새로운 아이디어는 많았는데, 비용이나 인력 면에서 지원을 받지 못하는 이상 자체적으로는 개발할 수 없는 문제가 있었죠. 게다가 세르비아나 루마니아에서 저렴한 가격대의 사다리가 수입되는 상황이었거든요. 그 회사의 사다리는 상대적으로 너무 비쌌고 결국은 문을 닫았습니다. 우리는 훌륭한 아이디어가 지닌 미래를 놓친 셈이죠. 작은 회사를 위한 협업 기관이나 개발 연구소 같은 장치는 분명히 필요합니다.

김대식　맞습니다.

바이스　창조적 생태계를 이야기하면서 규모의 문제를 빠트릴 수 없습니다. 일반적으로 각 기업에서는 프로젝트마다 새로운 팀을 구성합니다. 그래야 새롭게 생각할 수 있으니까요. 그건 다른 분야에서도 마찬가지로 적용됩니다. 그런데 이스라엘엔 한국에는 없는 문제가 있습니다. 인구가 채 800만 명도 안 되는 작은 나라이면서, 인구의 5분의 1은 창조력이나 생산력과는 거리가 먼 사람들이죠. 초정통파 유대인들과 이슬람교도 등이 그렇습니다. 인구가 적기 때문에 전체 시장도 작을 수밖에 없고요. 그러니 뭔가를 만들어서 수출하기 전에 내수 시장에서 테스트해보는 건 불가능한 일입니다.

최근 한 지인이 흥미로운 얘기를 하더군요. 인텔 인터내셔널(Intel International) 부사장을 지내고 은퇴한 그는 최근 이스라엘 경제가 혼란스러운 게 행운이라고 말하더군요. **혼란스러움의 결과로 사장될 뻔한 아이디어들이 갑자기 튀어나올 수 있다는 얘기였어요.** 앞서 말한 규모의 문제는 한국에는 없겠죠?

김대식　한국은 어중간한 규모죠. 자급자족이 가능할 만큼 큰 시장은 아니지만, 그렇다고 아주 작은 시장은 아니니까요. 어쨌든 한국 역시 수출 의존도가 높습니다. 물론 한국이 이스라엘에 비해 상대적으로 인구가 많긴 하지만, 많은 사람이 새로운 창조적인 산업이 아니라 오래된 기존 산업에 종사하고 있어요.

바이스　　어떤 산업에 종사하는가의 문제도 있지만 규모의 문제 역시 중요합니다. 창조적이든 창조적이지 않든, 때가 되면 새 냉장고를 구입할 소비자가 필요하니까요.

충격이 필요한 사회

김대식　　교수님은 스타트업 국가로서 이스라엘의 미래를 어떻게 예상하시나요? 아시다시피 한국을 비롯한 많은 나라가 이스라엘을 롤 모델로 바라보고 있는데요.

바이스　　네. 그것이 지금 우리 대화의 주제 중 하나죠. 스타트업 국가로서 이스라엘의 미래를 논할 때 짚고 넘어갈 것은, 현재 이스라엘은 어떤 충격을 필요로 한다는 사실입니다.

김대식　　새로운 활력이 필요하단 말씀이군요.

바이스　새로운 활력을 만들든지, 아니면 아예 리셋, 즉 판을 다시 짜야 해요. 많은 나라가 이스라엘이라는 스타트업 국가의 아이디어를 벤치마킹하려고 하는데, 그들 역시 구조 개혁이 뒤따라야 성공할 수 있습니다. 구조 개혁이란 2008년 세계 경제 위기에서 비롯된 시장 재편 같은 것이라 할 수 있겠죠. 구조 조정이란 게 즐거운 일은 아니긴 합니다만, 필요하죠.

김대식　맞아요. 이런 예를 들 수 있겠죠. 스마트폰을 리셋하는 건 스마트폰의 입장에선 달가운 일은 아닐 거예요. 하지만 그렇다고 화면이 먹통인 상태로 있는 걸 원하지는 않을 겁니다. 물론 제가 스마트폰한테 리셋에 관한 의견을 물어볼 수는 없지만요.

바이스　**네, 그래서 다른 나라들은 이스라엘에 적용됐던 기존의 아이디어를 그대로 적용해서는 안 됩니다. 스스로 아이디어를 만들어 시험해보고 제대로 작동하는지 지켜봐야 하죠.**

김대식　지금 말씀이 중요한 메시지를 전달한다고 생각합니다. 최근 한국에서도 그런 경향이 보이기 때문입니다. 한국 기업들은 쇼핑을 하듯 스타트업(기술)을 찾아다닙니다. 정부 기관들 역시 세계를 다니면서 정책 쇼핑을 하고 있고요.

바이스 제가 알기로 현재 삼성은 이스라엘과 공개적인 협업을 원한다고 얘기하고 있습니다. 일반적으로 봤을 때 협업은 좋은 생각입니다만 실제로 성공하려면 여러 조건이 잘 맞아떨어져야 합니다. 불가능한 건 아니지만 만만한 작업도 아니죠. 역사를 보면, 중요한 발전은 대개 어떤 충격의 결과로 이뤄졌습니다. 예를 들어 제2차 세계대전을 치르면서 미국은 대량 생산 경제로 전환했죠. 수천수만 대의 비행기와 탱크가 필요했으니까요.

김대식 기본적으로 교전국인 독일보다 많은 수의 군사 무기를 생산하려고 했던 거죠. 그게 비결이었던 거고요.

바이스 네. 충격에도 많은 종류가 있습니다. 예를 들어 주요 산업 시설을 정리하는 것처럼 작은 충격이 있을 테고, 이민자들의 대이동 같은 큰 충격이 있겠죠. 요즘 유럽에서 일어나는 일들을 보면 흥미롭습니다. 오늘날 이민자들의 이동은 과거와 다릅니다. 요즘 이민자들은 그 나라에 편입되지 않고, 새로운 방향에서 이민 사회를 발전시키는 데 관심을 갖고 있는 것 같아요.

김대식   제가 이스라엘을 방문할 때마다 느끼는 것이 있습니다. 이스라엘의 아랍계 소수민족은 스스로의 발전을 위한 방편으로 사회와 융합하려 들지 않는 듯하더군요. 그 이유가 궁금합니다. 그들은 왜 사회에서 보다 건설적인 역할을 하지 않는 것일까요?

바이스   몇 가지 이유가 있습니다. 제가 보기에 그 이유 중 하나는 그들이 이스라엘인과 달리 군복무를 하지 않고, 그에 따라 그런 훈련을 통한 혜택을 누리지 못하기 때문입니다. 또 하나의 이유는 대부분의 아랍 인구가 사실상 3개의 다른 하위문화를 갖고 있기 때문입니다. 하나는 '도시형 문화(city culture)'인데, 레바논을 예로 들 수 있습니다. 레바논인들은 기독교인이고, 이집트의 경우는 많은 사람이 콥트교도입니다. 이런 도시 문화에 속한 사람들은 훌륭한 창조력을 보유할 가능성이 높다고 봐야 합니다. 다른 하나로 '시골형 문화(village culture)'가 있겠죠. 이는 농부들의 오래된 문화입니다. 또 '베두인 문화(Bedouin culture)'가 있습니다. 이는 유목민 문화입니다. 이런 문화는 한참 뒤처져 있습니다. 그런 면에서 아랍 인구의 상당수가 현대적 기획의 틀 안으로 편입되지 못하는 것입니다.

김대식　　교수님의 고향인 하이파는 여러 문화가 잘 섞여 있지 않나요? 식품 산업을 주 업종으로 한 아랍 공동체의 스타트업도 많고요. 하이파에는 꽤 다양한 아랍 레스토랑과 사업체가 있는 걸로 알고 있는데요.

바이스　　그게 '도시 문화'이지요. 하이파 시민들은 서구식 변화에 비교적 잘 적응하고 있어요. '시골 문화'는 다릅니다. 보다 가족 중심적이면서 부족 중심적이라 서구식 변화를 힘들어합니다. 독실한 유대교 신도들도 마찬가지예요. 그들 역시 종족 중심의 분위기에서 살고 있지요.

김대식　　이런 시각이 확장되면 지정학적인 문제와 연결되겠죠. 지금부터는 이스라엘과 한국의 지정학적 문제에 대해 논의하고 싶습니다. 솔직히 말하면, 저는 이스라엘과 한국 두 나라를 떼어서 아이슬란드나 노르웨이 바로 옆에 붙여놓고 싶습니다. 지정학적으로 우리는 강대국들에 끼여 있는 조건이니, 다른 이웃들을 선택해서 주변국이 되면 좋겠어요.

바이스　　우리가 이웃들을 선택할 수 있다면 좋겠지만요.(웃음) 사실 이런 지정학적 특성은 동기 부여와 관련됩니다. 원유 등 천연자원이 풍부한 나라는 혁신을 위한 동기 부여가 잘되지 않습니다. 특별한 걸 하지 않아도 돈이 흘러들어 오니까요. 모세가 약속의 땅을 찾는 데 40년이나 걸린 이유에 대해 우리끼리 하는 농담이 있습니다.

김대식　어떤 농담인가요?

바이스　모세가 기름 냄새를 싫어했기 때문이라는 건데요.(웃음) 그가 중동 지역에서 원유가 없는 유일한 곳을 발견했다는 얘기죠.

김대식　재미있는 농담이네요. **어쨌건 한국이나 이스라엘은 주변국에 '끼인' 현실적 위치에서 창조적 생태계를 꾸려야 합니다. 창조적 생태계라는 건 외부에 따로 존재하는 독립적인 개체가 아니니까요. 그래서 지리적 여건과 창조적인 생태계는 상호작용할 수밖에 없지요.** 이에 대해서는 다음 장에서 자세히 논의하고 싶습니다. 우리의 지정학적 상황을 어떻게 극복하고, 어떻게 창조적 생태계를 형성하고 유지할 수 있는지에 관해서요. 이스라엘인과 한국인이 만났는데, 서로의 지정학적 위치에 대해 무시할 수는 없으니까요.

바이스 지정학적 위치는 창조력 시스템과 큰 연관이 있는 문제죠. 이스라엘인들은 이런 식으로 말합니다. "자, 우리가 매우 안정적인 나라에서 살았다면 별다른 일이 벌어지지 않았을 거야. 그러면 많은 걸 변화시키려는 동기도 없었겠지."

김대식 방금 중요한 문제를 지적하셨네요. 이스라엘과 한국은 지정학적으로 복잡한 상황에 놓여 있는데, 그에 대한 반응은 매우 다르거든요. 이스라엘인들은 그 상황을 도전으로 받아들이고 최선을 다합니다. 그 이유는 분명합니다. 이스라엘은 불필요한 제약이 존재할 경우, 당연시하지 않고 문제 제기하는 문화가 있기 때문입니다. 반면 한국은 지금 상황이 너무 안 좋으니 우리가 할 수 있는 건 없다는 식의 패배 문화가 한편에 도사리고 있습니다. 결국 체념하는 거죠. 이렇듯 두 나라의 상황은 비슷하지만, 위기에 대한 반응은 매우 다릅니다.
제가 교수님의 개인적 경험이나 이스라엘의 역사 등과 관련해 질문을 거듭하는 이유가 있습니다. 이스라엘을 단지 하나의 스타트업 성공 모델로만 인식해서는 안 되기 때문입니다. 어떻게 스타트업 국가의 개념이 만들어졌는지, **창조력의 원천은 무엇인지를 놓고 다양한 각도에서 관찰하면서 스스로 질문을 던져야 합니다.** 이를 통해 창조력은 역사적인 사건과 여러 가지의 위기, 그에 따른 절박한 필요로부터 만들어진 최상의 결과임을 이해하게 될 겁니다. 한국은 오랜 역사 속에서 그런 탈출과 전환이 필요했지만, 아쉽게도 현재까지 올바른 결론에 이르지는 못한 것 같습니다. 그런 면에서 한국의 상황은 비관적으로 보이기도 합니다.

이제 슬슬 우리가 이 대담을 통해 구하려던 답이 모습을 드러내고 있다는 생각이 드네요. 이 대담은 특히 한국의 독자들을 위한 것입니다. 이스라엘에서 나타나는 창조적인 일들이 한국에서는 나타나지 않은 이유를 알기 위한 책입니다. 이제 서서히 근본적인 해답에 다가가고 있습니다. 독자들 역시 그 이유를 이해하기 시작했을 거라고 생각해요. 다음 장에서는 지정학적으로 본 창조적 인류의 미래에 대해 더 깊이 논의해보도록 하겠습니다. 언제나 흥미로운 주제죠.

8장

창조력의 지정학적인 미래

이스라엘에서 나타나는 창조적인 일들이 한국에서는 나타나지 않을까? 이스라엘과 한국은 지정학적으로 갈등과 분쟁, 위협 등 일상적인 위협 요소를 안고 살아가야만 하는 상황이다. 그럼에도 두 나라는 지리적 열세를 극복하고 현재 위치에서 어느 정도 성공적인 결과를 만들어가고 있다. 이를 보면 외부적인 압박은 오히려 위기 극복의 신호를 이끌어낼 수 있다는 생각도 든다. 다시 말해, 외부적인 압박이 부분적으로나마 창조력을 증진할 수 있다는 것이다.

우리는 예측 불가의 미래를 앞두고 있다. 그런 의미에서 우리는 이상적이면서 동시에 현실적이어야 한다. 우리는 완전히 비현실적이거나 공상적인 사람이 되어선 안 될 것이다. 그럴 경우 원하는 어떤 결과도 만들어내지 못할 테니 말이다. 반대로 우리는 꿈이 없는 현실주의자가 되어서도 안 된다. 자신이 하는 일과 그 일에 접근하는 방법을 현실적으로 다루지만, 꿈을 잃지 말아야 하는 것이다.

미래는 분명 예측 불가능한 것이지만, 이상과 현실의 균형은 이스라엘과 한국의 정치 상황에도 중요하다. 이는 창조력을 발휘하는 데 있어서도 반드시 필요한 덕목이다.

압박감과 성공의 상관관계

김대식　　마지막 장에서는 이스라엘과 한국이 처한 지리적 여건을 바탕으로 지정학적인 미래를 얘기해보겠습니다. 사실 한국 사람들에게 이스라엘은 독일이나 미국에 비해 주어진 정보가 많지 않은 나라입니다. 제가 몇 해 전 이스라엘에서 교수님을 만나 인터뷰를 진행했던 것을 기억하시죠? 그때 아랍의 봄(Arab Spring, 2010년 말 튀니지에서 시작되어 중동 및 북아프리카 국가로 확산된 반정부 시위-옮긴이)이 잠시 대화 주제에 올랐습니다. 그때 교수님의 반응이 미지근해서 놀랐던 기억이 납니다. 반정부 시위 당시 주요 매체들은 중동 지역에 민주주의가 자리 잡을 것이라고 예측했었잖아요. 그런데 교수님은 그에 대해 회의적인 시선을 가졌습니다. 결과적으로 교수님의 예상이 적중했고요. 아랍의 봄이 그렇게 마무리되리라는 걸 어떻게 아셨나요?

바이스　글쎄요. 결과가 썩 좋지는 않을 거라고 짐작했지만, 제 예상보다 훨씬 더 못 미쳤습니다. 저도 그 정도로 미미하게 끝날 줄은 몰랐어요.

당시 반정부 시위가 진정한 민주주의의 방향으로 나아가기는 힘들 거라고 생각한 이유는, 관련국들이 대체로 제2차 세계대전 이후 인위적인 조합으로 만들어졌기 때문입니다. 이런 인위적인 조합은 잘 섞일 수 없다는 점, 분쟁 요인을 내재하고 있다는 점, 부족 중심의 표심을 갖는다는 점을 보며 저는 민주주의 정착에 대해서 회의를 가졌습니다. 아랍 세계에서 부족들 간의 증오는 우리가 예측할 수 없을 정도로 깊습니다. 그 증오의 하나가 전 세계를 공포에 떨게 하는 IS가 된 거고요. 현재 상황은 더욱 악화되었고, 여전히 서로 분쟁하면서 난민을 발생시키고 있습니다. 난민 문제는 전체 유럽에까지 영향을 미치고 있죠.

김대식　맞습니다. 합리적인 시각을 지닌 유럽 정부들 역시 난민 위기의 해법을 못 찾고 있습니다. 이 위기는 전체 유럽을 난처하게 만들고 있죠. 난민 문제는 정책을 흔들고, 선거에도 영향을 미치니까요.

바이스   1996년 이스라엘의 총선이 기억나는군요. 1995년 11월 라빈 총리가 한 극우 청년에 의해 암살됐습니다. 라빈 총리는 중동 평화협정 체결을 주도해 1994년 노벨평화상을 수상하는 등 '중동 평화의 상징'으로 불리던 인물이었죠. 이듬해인 1996년 선거를 앞두고 초반에는 노동당이 우세했지만 선거가 진행되는 동안 팔레스타인인들이 예루살렘에서 버스 몇 대를 폭파한 사건이 발생했죠. 결과적으로 당시 선거는 네타냐후의 리쿠드당이 이겼습니다. 흥미로웠던 건 출구조사에서는 노동당의 승리가 확실시되었다는 점입니다. 당시 저는 시몬 페레스의 노동당이 집권하겠구나, 생각하고 잠자리에 들었는데 다음 날 일어나 보니 네타냐후가 승리를 거뒀더군요. 몇 차례의 테러 공격으로 모든 것이 바뀐 겁니다.

김대식   그런 일이 유럽뿐 아니라 미국에서 다시 발생할 수 있겠죠. 창조력을 주제로 한 이 책에서 이런 문제를 다루는 이유는 이스라엘과 한국 모두 지정학적인 '진공 상태'에서 존재하기 때문이죠. 이스라엘과 한국은 지구에서 더 안 좋은 곳이 없을 만큼 최악의 위치에 자리 잡고 있습니다. 지정학적으로 갈등과 분쟁, 위협 등 일상적인 위협 요소를 안고 살아가야만 하는 상황입니다. 그럼에도 두 나라는 이러한 지리적 열세를 극복하고 현재 위치에서 어느 정도 성공적인 결과를 만들어가고 있습니다. 교수님은 두 나라가 처한 지정학적인 상황과 성공의 상관관계를 어떻게 보시나요?

바이스 흥미로운 질문입니다. 이스라엘의 경우 1956~1965년은 상대적으로 오랜 평화의 시기였습니다. 그런데 1965년을 기점으로 극심한 경기침체가 시작되었습니다. 당시 경기침체의 심각성을 다룬 농담이 떠돌았어요. 이스라엘을 마지막으로 떠나는 사람이 벤구리온 국제공항의 불을 꺼야 한다는 농담이었죠. 경기가 너무 어려워 많은 이가 나라를 떠난다고 이야기했으니까요. 경기침체로 인한 압박이 너무 컸지만 어쨌든 경기는 다시 회복되었죠. 이를 보면 외부적인 압박은 오히려 위기 극복의 신호를 이끌어낼 수도 있다는 생각이 듭니다. 다시 말해, **외부적인 압박이 부분적으로나마 창조력을 증진할 수 있다고 생각합니다.** 압박이란 게 물론 좋은 건 아니지만 그런 식으로 작용할 수 있을 거예요.

김대식 맞습니다. 사실 이러한 외부적 위협 요소들은 우리로 하여금 긴장을 풀지 못하게 해서 오히려 가능성을 만들 수 있을 겁니다. 이스라엘과 한국은 스웨덴이나 스위스가 될 수는 없죠. 자국의 미래에 대해 느긋하게 바라볼 수만은 없고, 끊임없이 최선책을 찾아내야 합니다. 그리고 그 해답은 경제 쪽에서 찾을 수 있겠죠. 여기서 두 나라가 구별되는 지점이 생깁니다. 두 나라가 처한 외부 상황은 대체로 비슷합니다. 하지만 이스라엘은 더 높은 경제 수준, 더 높은 창의성의 수준으로 나아가는 반면 한국은 상대적으로 기존의 산업 수준에 머물러 있고 창의성의 발전이 늦습니다. 이 차이를 어떻게 봐야 할까요?

바이스　앞서 창의성을 저해하는 여러 원인에 대해 이야기를 나눴는데요. 다시 창조력을 대하는 문화적 차이를 꺼내야겠네요. 여기서 흥미로우면서 걱정이 되는 사실 하나를 언급할까 합니다. 스웨덴이나 스위스 같은 나라의 자살률은 세계에서 가장 높은 수준입니다. 여유 있는 삶이 그렇게 좋은 것만은 아닐 수 있다는 얘기죠. 조금 더 깊이 있는 관찰이 필요하겠지만 안정과 위기, 극복과 발전 사이에는 일정 부분 상관관계가 있지 않을까요. 개인적으로는 일정량의 압박은 창조에 유익하다는 생각입니다.

김대식　그럴 수 있겠네요. 하지만 감당 못할 만큼의 압박은 해롭겠죠. OECD 국가 중에서 자살률이 가장 높은 나라가 한국이거든요.

바이스　　아마도 성공에 대한 압박감 때문이겠죠. 우리는 여기서 누군가에 의한 압박이 아닌, 스스로 필요에 의한 압박에 대해서 얘기할 수 있겠네요. 삶이 편안하고 경제적으로 여유 있는 부류 중에 스스로 창조적인 압박을 하는 사람이 있죠. 그들을 보면 인간에게 꼭 필요한 압박감도 있다는 점을 알 수 있습니다.

김대식　　주변에서 건네는 환경적인 압박에 대해서 이야기해볼까요. 3년 전 제가 교수님의 연구실을 방문했을 때, 교수님께서 창밖을 보며 레바논의 해안 방향을 가리키셨던 적이 있습니다. 교수님의 연구실에서 내다보면, 수평선 너머에 헤즈볼라 (Hezbollah, 레바논의 이슬람 시아파 무장세력. 미국과 이스라엘에서는 헤즈볼라를 테러 조직으로 분류하고 있다-옮긴이)가 있습니다. 레바논이 추상적인 어떤 것이 아니라, 눈으로 확인할 수 있는 실체라는 걸 말씀하셨던 거죠.

바이스　　헤즈볼라뿐만이 아닙니다. 전쟁 중에는 수평선 너머에서 카삼 미사일이 발사되는 것도 볼 수 있었어요. 그런 상황이 되면, 전쟁(위기 혹은 압박감)은 추상적인 것이 아닌 실체가 되는 것이죠.

김대식　인간이 가질 수 있는 공포의 실체에 관한 이야기네요. 그런 경우는 정말 심각한 압박감이 생길 텐데, 어떻게 사람들은 그런 걸 느끼면서 살아갈 수 있을까요? 수평선 너머에 목숨을 위협하는 공포가 있는데 말이죠. 그런 압박 속에서 어떻게 과학을 생각할 수 있죠? 어떻게 스타트업을 꿈꿀 수 있죠? 또 어떻게 아이들을 기르고 세상을 바꾸는 일에 대해 생각할 수 있을까요? 어떻게 그런 일이 가능할까요? 사실 한국인들도 비슷한 상황에 처해 있습니다. 서울에서 북쪽으로 1시간 정도 차를 몰면 북한이 있어요. 하지만 한국인들은 대부분 이 상황을 무시하고 살아가죠.

창조성과 '시간'의 딜레마

바이스　우리도 애써 무시합니다. 하지만 그런 문제는 계속 고개를 쳐들죠. 주변의 위협 혹은 압박 요소는 '시간'에 대한 사람들의 태도를 바꾸기도 하죠. 최소한 저를 포함해서 이스라엘 동료 대부분은 연구 작업을 최대한 빨리 마무리하는 것에 비중을 둡니다. 반대로 외국 연구자들은 우리보다는 여유를 보이더군요. 빨리 끝내길 원하는 우리와는 대조적이죠. 이런 태도는 외부적인 압박감의 한 영향으로 볼 수 있겠죠.

그런데 '시간'이 좀 더 느긋할 때 창조성이 더 발휘된다는 결과도 마주하게 됩니다. 제가 테크니온 대학 부설 정책연구소인 니만연구소 소장으로 있을 때 이스라엘 과학자들의 생산성에 대한 흥미로운 연구를 했어요. 연구 결과, 과학자들이 안식년에 열람하는 참고 문헌의 수가 평년보다 훨씬 더 많다는 사실을 알게 되었죠. 그 원인을 두 가지로 설명해볼 수 있는데요. 첫째 과학자들이 안식년이라 더 많은 시간을 갖게 되었고, 둘째 그 참고문헌을 공유하면서 다른 연구자들과 자유롭게 작업할 수 있는 환경이 주어졌기 때문이었죠. 이 같은 생산성 연구를 통해 얻은 결론은, **사람은 자기 스스로 여유 있는 시간을 가질 때 보다 창조적인 일을 할 수 있다**는 것이었어요.

김대식　　매우 흥미로운 지점이네요. 지정학적인 상황이 과학적 생산성에 영향을 미친다는 것이니까요. **압박감은 '창조의 시간'을 재촉할 수 있지만, 반대로 시간적 여유를 갖게 된다면 보다 어려운 문제들을 손대거나 해결할 수 있다는 말씀이죠.** 왠지 창조성이 직면한 딜레마 같기도 합니다.

바이스　　또 하나 중요한 부분을 지적하고 싶습니다. 압박감 속에 있게 되면, 이론적인 문제에 골몰하기보다는 실용적인 문제에 더 집중하게 되는 것 같습니다. 1987년 팔레스타인의 대규모 반이스라엘 투쟁(인티파다)이 시작되면서 많은 상황이 달라졌습니다. 점령당하길 원하는 나라는 어디에도 없겠죠. 결국 문제는 '땅덩어리'에서 비롯됩니다. 벤구리온 공항에 내리면 이 땅이 너무 좁다는 걸 알게 될 거예요. 5~6킬로미터만 가면 국경이니까요. 이웃국가와 그런 인접한 국경을 유지하는 일이 쉬운 일은 아니죠. 군사적 위협 문제 역시 가까운 현실이고요. 과격한 테러가 벌어지고 극단적인 상황이 연출되고 있어요. 깊은 증오와 극단주의에서 비롯된 반응이죠. 한편으로 증오의 역사지만, 스스로 생존하기 어려운 가자 지구 같은 곳은 점령 혹은 철수가 생존의 문제일 수 있어요. 이런 오래되고 복잡한 역사를 미래 세대들이 어떻게 풀어나갈지 궁금합니다.

김대식　　그래서 이스라엘인들은 두 가지 가능한 시나리오에 대해서 이야기하잖아요. 바로 일국 방안(One-state solution)과

양국 방안(Two-state solution)이죠. 1.5국 방안은 어떤가요?(각각 이스라엘과 팔레스타인 간의 분쟁 해결 방안들을 말한다. 일국 방안은 이스라엘과 요르단 강 서안 지구와 가자 지구를 포함한 팔레스타인 지역을 합쳐 새로운 이스라엘을 수립하는 방안이다. 양국 방안은 요르단 강 서쪽에 따라 팔레스타인 독립 국가를 수립하는 것을 의미한다. 1.5국 방안은 이스라엘이 요르단 강 서안 지구를 점령하되, 팔레스타인인들을 위한 자치구를 두는 방안을 가리킨다-옮긴이) 현재 그 방향으로 가는 것 같은데, 그 방향이 지금 현실적으로 실현 가능한, 유일한 안정화 방안 아닐까요.

바이스   1.5국 방안이 최선의 해결책일 수 있지만 여전히 많은 사람의 의견이 엇갈립니다. 한국은 단일민족 체제에서 분단됐지만, 이스라엘은 인위적으로 나뉜 역사적 조건이 있어서 동일화에 대해서는 아무래도 회의적인 부분이 있습니다. 독일의 정치인 빌리 브란트(Willy Brandt, 옛 서독 총리로 동서 화해 정책[동방정책]을 추구한 공로로 1971년 노벨평화상을 수상했다-옮긴이)는 서독과 동독이 다시 한 나라가 되어야 하는 이유로 "우리는 원래 동포였고, 동포로서 함께 성장할 것이다"라는 유명한 말을 했지만, 이스라엘엔 서로 다른 두 민족이 존재하니까요. 지역을 분할할 수도 있겠지만, 그러면 면적이 너무 작아서 생존을 보장받지 못하겠죠. 겨우 생존한다 해도 성공적인 나라로 발전하는 건 힘들 테고요.

김대식　　그렇다면 가장 현실적인 미래 시나리오는 지금 이대로의 현상 유지일 수도 있겠네요. 그 누구도 원하는 미래는 아니겠지만 말입니다. 어쨌든 이런 상황은 다소 실망스럽네요. 지정학적 미래의 측면에서 바라보면, 이스라엘뿐 아니라 한국의 상황 역시 크게 바뀌지 않을 거란 결론에 이르게 되니까요. 미래에도 지금과 똑같은 형태의 스트레스, 의심, 질문들을 마주하게 되겠죠. 그래도 결국 우리는 우리의 인생을 살아가야 하겠죠. 모든 것이 얼마나 오래 지속될지 모르잖아요.

바이스　　다시 제 개인사를 꺼내자면, 제 부모님은 1914년 시작된 제1차 세계대전 직전에 태어나셨습니다. 세상이 변했죠. 또 1933년에 히틀러가 등장하기 전까지는 세상이 이토록 달라질 거라는 걸 짐작한 사람은 아무도 없었습니다. 앞으로도 마찬가지죠. 우리는 예측 불가의 미래를 앞두고 사는 거죠. 그렇다면 인간이 무엇을 해야 할 것이냐에 관해 현명한 대답을 얻을 수 있을 겁니다.

김대식　좋은 말씀입니다. **우리는 이상적이면서 현실적이어야 된다고 생각합니다.** 완전히 비현실적이거나 공상적인 사람이 되어선 안 되겠죠. 그럴 경우 원하는 어떤 결과도 만들어내지 못할 테니까요. 반대로 우리는 꿈이 없는 현실주의자가 되어서도 안 됩니다. **자신이 하는 일과 그 일에 접근하는 방법을 현실적으로 다루지만, 꿈을 잃지 말아야 하는 거죠.** 미래는 분명 예측 불가능한 것이지만, 이상과 현실의 균형은 이스라엘과 한국의 정치 상황에도 중요한 것 같습니다. 다른 걸 떠나 창조력을 발휘하는 데 있어서도 반드시 필요한 덕목이고요.

바이스　동의합니다. 그런데 이스라엘과 한국의 차이가 하나 더 있네요. 여러 불안한 환경적인 요인을 고려할 때, 이스라엘이 지금처럼 존재한다는 사실 자체가 한편으로 이상적인 꿈같다는 것이죠. 또한 기본적으로 이스라엘의 모든 스타트업은 이상적인 꿈으로부터 시작되었어요. 주변으로부터 지속적인 압박을 받고, 그 문제를 풀어야 한다는 위기감이 스타트업의 한 배경이죠. 안타깝게도 지금은 그 정신이 조금씩 손상되고 있지만요.

화성 여행을 꿈꾸지 않는 사람들의 생존법

김대식　　이제 슬슬 우리의 대화를 마무리해야겠습니다. 끝으로 얘기하고 싶은 중요한 질문이 있어요. 무엇이 미래의 창조력인가라는 주제인데요. 이제까지는 창조력을 이야기할 때 제품을 더 좋게, 더 빠르게, 더 효율적인 방법으로 생산하는 생산성의 관점에서 보지 않았습니까? 하지만 앞으로 기계가 점점 더 많은 일을 수행하게 되면서 인간은 보다 많은 시간을 갖게 될 것입니다. 따라서 미래에는 생산 영역 이외의 영역, 즉 레저나 취미, 소비의 영역에서 창조적인 발상을 하는 데 더 많은 시간을 쏟아야 할지도 모릅니다.

바이스　　그것이 자연스러운 결론일 수 있다고 생각해요. 문제는 미래의 창조력을 위해서 엔지니어나 과학자가 기존과 다른 전문적인 비전을 갖고 있어야 한다는 점입니다. 좀 더 사회과학적이어야 한다고 할까요. 관련해서 우리가 생각해볼 수 있는 예는 소셜네트워크입니다. 페이스북 같은 소셜네트워크는 본질적으로 사람들이 처리해야 할 일의 양에 비해 여유로운 시간을 가지고 있다는 것을 보여줍니다. 그래서 사람들은 서로 소식을 전하면서 자신이 무엇을 하고 있는지를 보여주죠. 15분마다 자신이 어디에 있는지, 무엇을 하는지를 알려주잖아요.

김대식 마치 실시간 기록 같아요. 그렇게 하는 이유는 시간이 많아서이기도 합니다. 통계적으로 봤을 때 300년 전이라면 저나 교수님은 농장에서 일하고 있었겠죠. 하루에 18시간 동안 일해야 한다면 다른 걸 할 시간적 여유가 없었을 겁니다.

바이스 그랬겠죠. 현재는 정신적으로 살아남기 위한 시간이 필요한 상황입니다. 하루의 시간을 온전히 채우는 것이 숙제죠. 육체적으로가 아니라 정신적으로 살아남기 위해서요.

김대식 이미 논의되었듯이, 우리가 현재 맞닥뜨린 중요한 문제는 앞으로는 점점 더 시간이 많아질 것이란 점입니다. 그런데 아무도 남는 시간을 어떻게 써야 할지 말해주지 않잖아요. 시간을 사용하는 법에 대해서 배우지 못했기 때문에 한편으로 시간을 낭비하게 됐죠. 그런 상황에서 우리는 시간을 어떻게 사용해야 하는지에 대한 창조적인 해결책을 찾지 못했습니다. 페이스북에 15분에 한 번씩 포스팅을 하는 게 의미가 있을 순 있지만, 창조적인 건 아닐 테고요.

바이스　　동의하는 부분입니다. 큰 자본을 가진 사람들은 '소셜 프로젝트'에 투자하느라 분주하죠.

김대식　　예를 들면 화성 여행 프로젝트가 있겠죠.

바이스　　화성 여행은 소셜 프로젝트의 한 예죠. 많은 사람이 그 주제 자체에 관심을 갖게 하니까요. 케네디 대통령이 1961년 발표한 아폴로 계획 역시 지금 용어로는 '소셜 프로젝트'의 하나였어요. 많은 사람이 인류를 달에 착륙시키는 일에 빠져들었으니까요. 아마존의 제프 베조스(Jeff Bezos)는 인류가 화성에 가는 데 향후 50년 정도를 예상하는 것 같아요. 어쨌든 많은 사람이 그 방향을 좇아 달려들고 있습니다. 거기에서 인류가 살아가는 이유를 찾으려고 하면서요.

김대식　　그건 다른 사람의 꿈을 좇는 것이 아닐까요? 다시 말해 그건 제프 베조스나 스페이스X의 일론 머스크(Elon Musk)의 꿈이지, 한국에 사는 김모 씨의 중요한 꿈은 아니잖아요.

바이스　　맞습니다. **하지만 다른 이의 꿈을 좇는 것보다 꿈을 꾸지 않는 게 더 문제겠죠.** 꿈을 꾸지 않는 사람들은 어느 단계에 이르면 지루해하면서 하던 일을 그만두거든요. 우리가 대화를 시작할 때 잠깐 얘기했던 것처럼 '에이 플러스(A+)'를 받는 사람들은 꿈이 있기 때문에 언제나 자신들의 길을 찾아갈 거예요. 적당히 노력하는 사람들도 그렇겠죠. 하지만 꿈을 꾸지 않고 아무 노력도 하지 않는 사람들의 미래는 어떨까요? 이 의문을 어떻게 풀어야 할지 모르겠어요.

다시 미래의 창조력에 대해 이야기를 해보죠. 이제 우리는 이제까지와는 다른 종류의 창조력을 가져야 합니다. 흥미로운 일을 발견하는 데 필요한 창조력이죠.

김대식 그렇습니다. 화성 여행 등 고작 인류의 1~5퍼센트가 할 수 있는 창조력 말고, 다수가 해야 하는 일을 찾아내는 게 숙제겠죠. 앞으로 인류는 기술 개발을 통해 남는 시간을 어떻게 소비할 것인지에 관해 많은 상상력과 창조력을 발휘해야 합니다. 무엇을 하든 새로운 형식의 활동을 만들어내야 하죠. 그런 의미에서 저는 창조력이 미래에 더욱더 중요해질 것이라 생각합니다. 물론 그 초점은 생산 측면보다는 소비나 향유의 측면에서 더 중요해질 테고요. 이 부분은 현시점에서 적절한 결론이라고 생각합니다. 미래에도 창조력이 개발되는 방식은 바뀌지 않을 겁니다. 다만 그 창조력이 어디에 초점을 맞추느냐로 달라지겠죠.

바이스　　동의합니다. **미래 창조력의 초점은 재미있는 방식으로 시간을 보내는 일에 맞춰질 겁니다.** 그러한 예로 생산적인 취미를 찾거나 동호회를 만드는 것 등이 있겠죠. 그런 종류의 일은 훨씬 더 광범위해질 거예요. 전 세계적으로 연결된 네트워크 때문이죠. 이를테면, 목재 가구의 모형 설계에 관심이 있는 사람들은 세계적으로 연결돼서 뭔가를 생산해낼 테니까요.

김대식　　지금까지 창조력과 관련해서 많은 논의를 해봤습니다. 제4차 산업혁명에 따른 새로운 산업의 형태, 인류가 미래에 기대할 수 있는 것, 사라지는 일자리와 인류의 대응 등에서 창조력은 필수 요건일 것입니다. 미래에는 창조력의 개념이 지금과 같지 않을 텐데요. 이제부터가 더 많은 고민이 필요한 시점입니다.

바이스　　오래된 유대인 속담 하나를 언급할까 합니다. "예언은 어리석은 자들에게 주어진다"는 말입니다.(웃음)

김대식　　그럼에도 우리는 '미래주의자(futurist)'가 되어서, 예언의 마술을 발휘할 수 있도록 노력해야겠지요.(웃음)

우리에게 남은 과제들

역사와 인생의 대부분은 우연의 결과라고 하지 않던가? 바이스 교수와의 만남 역시 우연이었다. 몇 해 전 지인의 초대로 이스라엘 테크니온 공대에서 강연할 기회가 있었다. 내 전문 분야인 뇌과학과 인공지능 관련 이야기를 한참 하던 중, 그 누구보다 열심히 경청하던 노령의 교수 한 명을 발견할 수 있었다. 바로 이스라엘 창조 경제의 산증인인 다니엘 바이스 교수였다. 우주항공학 교수인 그가 왜 뇌과학 강연을 열심히 듣고 있었던 것일까? 그가 궁금해지기 시작했다.

그로부터 얼마 후 또 다른 우연한 기회 덕분에 국내 언론사의 제안으로 바이스 교수와 인터뷰를 진행할 수 있었다. 그는 오스트리아 빈 출신으로 나치의 유대인 학살을 피해 중국으로 도피한 부모님을 따라, 그곳에서 태어나 중국과 일본의 제2차 세계대전을 경험한 유대인 소년이었다. 흥미로웠다. 어린 시절 한국을 떠나 독일에서 자란 나로서는 많은 공감을 느낄 수밖에 없었다. 바이스 교수 역시 독일어로 농담도 하고 인사도 하지만, 내가 심적으로 불편할 수밖에 없는 독일인이 아닌 먼 한국에 사는 사람이었기에 나와의 교류가 편했던 것일까? 바이스 교수가 내 초대로 서울에 온 것을 계기로 우리는 함께 이 책을 내기로 결정했다.

개인적으로 바이스 교수와의 인터뷰는 매우 인상적이었다. 함께 웃었고, 울었고, 많은 것을 이해할 수 있게 되었다. 물론 쉽게 이해할 수 없는 부분들도 있었다. 2,000년 만에 고향으로 돌아온 유대인들에게 고향을 빼앗긴 팔레스타인 난민들. 역사는 언제나 반복되는 것일까? 그들이 이제 또 다른 디아스포라가 되어 차별을 경험하고 있다는 사실에 마음이 무거웠다.

한국과 이스라엘. 잔인한 역사의 희생자이지만 매번 다시 일어선 생존자들. 어쩌면 무모할 정도로 고집스럽고, 쉽게 타협하지 못하는 두 나라. 우리는 이해하고 싶었다. 우리의 과거와 미래를. 강대국에 둘러싸인 두 나라, 천연자원보다 사람이 더 많기에 우리가 믿을 수 있는 건 우리 스스로의 능력과 열정뿐이다. 그리고 우리 모두의 미래를 좌우할 개개인의 창의성뿐이다. 그런데 여기서 이스라엘과 우리의 차이가 보이기 시작한다. 언제나 질문하고 독립적으로 사고하는 이스라엘은 많은 젊은이를 거점으로 나라를 '스타트업네이션(start-up nation)'으로 만들었지만, '패스트팔로어(fast follower)'에서 벗어나지 못한 우리나라는 많은 젊은이에게 '헬조선'이 되어버렸다.

창조력을 국가 정책으로 내세우면서도 나와 다른 사람을 쉽게 인정하지 못하는 나라. 질문하라고 요구하면서도 질문하는 학생을 혼내는 학교. 새로운 것을 창조하라며 혁신을 외치지만, 여전히 낡은 생각과 행동을 해야만 '성공'할 수 있는 사회. 그런 대한민국에서 살아가는 모든 이에게, 이 책에 나오는 이스라엘이라는 나라와 바이스 교수의 경험이 조금이라도 도움이 되었으면 하는 마음이다.

김대식

앞으로 인간의 역할은 결과를 만들어내기보다는

필요한 질문을 던지는 쪽이 될 것이다.

지은이 김대식

카이스트(KAIST) 전기 및 전자과 교수. 독일 막스-플랑크뇌과학연구소에서 뇌과학으로 박사학위를 받았고, 미국 MIT에서 박사후과정을 밟았다. 이후 일본 이화학연구소 연구원으로 재직했으며, 미국 미네소타 대학 조교수, 보스턴 대학 부교수로 근무했다. 주로 뇌과학과 뇌공학, 사회 뇌과학, 인공지능 등의 분야를 연구하고 있다.
지은 책으로 『어떻게 질문할 것인가』, 『김대식의 빅퀘스천』, 『내 머릿속에선 무슨 일이 벌어지고 있을까』, 『이상한 나라의 뇌과학』 등이 있다.

지은이 다니엘 바이스(Daniel Weihs)

이스라엘 테크니온 대학(Technion Israel Institute of Technology)에서 항공우주공학대학 학장, 대학원장, 니만 연구소장 등을 역임한 뒤, 현재 자율 시스템 및 로봇 연구 프로그램을 맡아 이끌고 있다. 이스라엘 우주연구위원회 위원장을 지냈고, 이스라엘 우주항공국 운영위원을 맡아왔으며, 최근에는 이스라엘 과학기술부 수석 과학관으로 위촉되었다. 또한 이스라엘 에일라트 소재 대학 연합 해양과학연구소 소장, 테우자-페어차일드 벤처캐피털 이사, 글로벌 피터 드러커 포럼 자문위원 등을 맡아 다양하게 활동 중이다.
2015년에는 이스라엘 국방부에서 주관하는 창조적 사고상을, 2016년에는 국제생체공학회로부터 공로상을 수상했다.

옮긴이 박영록

대학과 대학원에서 언론학을 전공했다. 기획, 편집, 번역 등 책과 관련한 여러 가지 일을 하고 있다. 옮긴 책으로 『100억 명, 어느 날』, 『역사는 현재다』, 『오늘, 우리는 감옥으로 간다』, 『나는 줄리언 어산지다』, 『세상에서 가장 아름다운 게임』 등이 있다.

창조력은 어떻게
인류를 구원하는가

초판 1쇄 2017년 4월 12일

지은이 | 김대식 · 다니엘 바이스
옮긴이 | 박영록

발행인 | 이상언
제작총괄 | 이정아
편집장 | 한성수
기획 · 편집 | 정선영
디자인 | 박진범

발행처 | 중앙일보플러스(주)
주소 | (04517) 서울시 중구 통일로 92 에이스타워 4층
등록 | 2008년 1월 25일 제2014-000178호
판매 | 1588-0950
제작 | (02) 6416-3899
홈페이지 | www.joongangbooks.co.kr
페이스북 | www.facebook.com/hellojbooks

ⓒ 김대식, 다니엘 바이스, 2017

ISBN 978-89-278-0848-0 03320

중앙북스는 중앙일보플러스(주)의 단행본 출판 브랜드입니다.